ICI et MAINTENANT

La collection «Ici et maintenant»
donne la parole aux penseurs qui,
par leurs recherches dans les domaines de la science, de la philosophie, de la spiritualité ou de l'art,
préparent la nouvelle conscience
de l'Homme.
Si nous nous sommes éloignés des
valeurs essentielles, les écrivains
réunis dans cette collection nous
invitent à faire le voyage de la
beauté, de la force et de la gran-
deur en nous.

Colette Chabot,
directrice de la collection.

D1432083

# Une voie
# qui demeure

## Du même auteur

*Matière et structure*, DDB, Bruges, 1967.

*L'Art et les Hommes*, en collaboration, CAP, Ottawa, 1967.

*Devenir religieux*, DDB/Bellarmin, Bruges/Montréal, 1967.

*Un monde ambigu*, Bellarmin, Montréal, 1968.

*Faith and Creativity*, Vantage Press, New York, 1971.

*L'Homme inchangé*, HMH, Montréal, 1972; de Mortagne, Montréal, 1986.

*Louis Dantin et la critique d'identification*, HMH, 1973.

*Les Voies du Possible*, Ferron éditeur, 1975; de Mortagne, 1981.

*Le Voyage intérieur*, de Mortagne, 1979.

*L'Homme qui commence*, de Mortagne, 1981

*Une religion sans murs*, Minos, 1983.

*Réincarnation et karma*, en collaboration, Minos, 1984.

*Un torrent de silence*, de Mortagne, 1985.

*Pensées pour les jours ordinaires*, de Mortagne, 1986.

*Une voie qui coule comme l'eau*, de Mortagne, 1986.

*La Grande Rencontre*, de Mortagne, 1987.

*Messages pour le vrai monde*, de Mortagne, 1987.

*Paroles pour le coeur*, de Mortagne, 1987.

*La Tendresse de Léonard*, de Mortagne, 1988.

*Rentrer chez soi*, de Mortagne, 1988.

*Les Chemins de l'amour*, de Mortagne, 1989.

*Le Chant d'une vie*, de Mortagne, 1989.

*Le Grand Congé*, de Mortagne, 1990.

*Le Karma de nos vies*, de Mortagne, 1990.

*Mûrir ou comment travers le Nouvel Âge sans se perdre*, Libre Expression, 1990.

*Renaître de ses cendres*, Libre Expression, 1991.

Placide Gaboury

# Une voie
# qui demeure

## L'expérience universelle
## de l'esprit

Libre Expression

**Données de catalogage avant publication (Canada)**

Gaboury, Placide, 1928-
Une voie qui demeure
(Ici et maintenant)
Comprend des réf. bibliogr.
ISBN 2-89111-550-3

1. Vie spirituelle.   2. Sagesse - Aspect religieux.
I. Titre.   II. Collection.

BL624.G32  1992      291.4     C92-097185-7

Maquette de la couverture:
France LAFOND

Photographie de la couverture:
Richard POISSANT
photographe pour le magazine *MOI*

Photocomposition et mise en pages: Monika Enr.

© Éditions Libre Expression
2016, rue Saint-Hubert
Montréal H2L 3Z5

Dépôt légal: 4e trimestre 1992

ISBN 2-89111-550-3

# Table des matières

# DEUXIÈME PARTIE
## L'expression toujours actuelle de l'esprit

*(Les chapitres 2, 4, 5 et 6 ont paru sous forme altérée dans la revue* L'Ère *nouvelle.)*

# Préface

Placide Gaboury est revenu aux premières inspirations — celles que l'on trouve par exemple dans *Le Voyage intérieur* — pour les approfondir et les offrir à ses lecteurs, enrichies et décantées. Après un exposé des aspects fondamentaux de la spiritualité mondiale et des différences radicales entre vie spirituelle et religion, psychologie, vie intellectuelle et pouvoirs psychiques, l'auteur rappelle à chacun la nécessité de retrouver ses propres fondements, de revenir à du solide, du substantiel, à ce qui demeure. Il nous invite donc à descendre aux racines — ce qui dure — au lieu de rester au niveau des feuilles — ce qui ne dure pas. Il nous incite à retrouver ce qui seul peut fournir une réponse à tous les problèmes du monde actuel, c'est-à-dire la grande tradition spirituelle qui a uni à travers les temps et les cultures, des hommes et des femmes de tout niveau et de toute langue. Ces gens ont tous fait l'expérience de l'Esprit et se sentaient unis sans même s'être connus. Ils nous offrent l'exemple le plus éloquent et le plus intemporel d'une harmonie réelle entre tous les peuples, à un point que ni la politique, ni la religion, ni les systèmes de pensée ne pourraient jamais réussir. En somme, Placide Gaboury nous rappelle la phrase célèbre de Malraux: «Le XXI<sup>e</sup> siècle sera spirituel

9

ou il ne sera pas.» Ce siècle ne pourra survivre que si chacun fait l'expérience de l'Esprit, que si chacun dépasse pour lui-même son besoin maladif de contrôler, c'est-à-dire l'ego.

Placide Gaboury est un éducateur de l'âme, parce qu'il est allé à la Source. Il nous convie à une aventure d'éducation qui est la seule base solide de toute croissance.

Léonard*

---

*    Pour ceux qui ne le connaissent pas, Léonard est présenté dans *La Tendresse de Léonard* (Les Éditions de Mortagne); il a participé pendant longtemps — à l'époque où il était en santé — aux conférences et aux séminaires de l'auteur à travers le Québec et l'Europe, ainsi qu'à la biographie de Placide Gaboury, *Le Chant d'une vie*; enfin, il a été le préfacier de bon nombre de ses ouvrages.

# La phrase de la vie

La vie est un tissu mystérieux qui demeure obscur comme la Voie de l'Esprit. Elle mène on ne sait où parce qu'elle vient d'on ne sait où. Elle ne révèle jamais tout à fait le sens réel ou complet de son aventure. Elle est voyage où se mêlent lumière et ténèbres, rires et larmes, clairs contours et profondes confusions. On ne sait d'avance où nous mène la vie. Elle ne dit jamais au complet son propos et déjoue les divinations des voyants autant que les attentes du mental. La vie est comme ce paragraphe que tu es en train de lire et qui ne dévoile son sens complet qu'à l'arrivée du point final. Si je dis «Le nénuphar», tu comprends très bien ce que je dis. Mais si j'ajoute «Le nénuphar ne fleurit», le sens s'obscurcit, devient énigme; si maintenant j'aligne les mots «Le nénuphar ne fleurit qu'enraciné», te voilà apaisé, le sens se tient et te paraît même complet; mais tu n'as pas encore en main tout le sens que je veux y mettre. Car si j'ajoute «dans sa boue», tu vois enfin ce que je *voulais* dire et qu'il fallait attendre la fin pour le dire. Le sens est maintenant complet: «Le nénuphar ne fleurit qu'enraciné dans sa boue.» Il fallait atteindre et attendre le dernier mot pour comprendre complètement le premier.

Ainsi cette phrase est-elle à l'image de la vie. Quand on vit une peine d'amour, on n'y voit que de la souffrance, de la nuit, du feu: le monde et la vie nous paraissent cruels et absurdes. Il n'y a vraiment rien à comprendre pour la tête. On ne comprend pas une peine d'amour en lisant *à l'avance* un roman Harlequin, puisque ce n'est pas alors sa peine d'amour mais une peine en général. La tête ne peut comprendre la vie en la pensant — mais elle le voudrait bien. (Penser sa vie au lieu d'avoir à la vivre!) Mais ma vie n'est comprise que vécue, c'est-à-dire, après coup. Longtemps après ma peine d'amour, je commence à en comprendre le sens. Longtemps après bien des peines d'amour, des rejets, des mortalités, des succès et des faillites, des joies et des maladies, on finit par comprendre le début de sa vie, son milieu, puis sa fin. La phrase commence à prendre tout son sens. Elle prend notre temps et nous donne en retour un sens. Il fallait payer de sa vie pour la comprendre et la remplir de sens.

PREMIÈRE PARTIE

# Renouer avec ses racines

*La crise du monde n'est pas tout d'abord politique ou écologique mais spirituelle. Les crises politiques et écologiques sont des effets de la crise spirituelle. (...) Il nous manque un lien harmonieux et essentiel avec une force universelle.*

Jacob Needleman

Jacob Needleman

# CHAPITRE PREMIER

# Une voie qui demeure

## Un plaidoyer

Ce livre est un plaidoyer en faveur de la grande tradition spirituelle qui demeure inconnue de la majorité des humains, pendant qu'ils cherchent désespérément des solutions à la dérive mondiale. Inconsciemment mais sûrement, la race humaine «meurt de soif auprès de la fontaine». À vrai dire, c'est moins un plaidoyer — car cette tradition n'a besoin d'aucune défense — qu'un appel final à prendre connaissance d'une réalité inconcevable et magnifique qui est en même temps simple et accessible à tous.

Nous manquons décidément de cœur. Car il ne s'agit pas pour nous d'embarquer dans une aventure pleine d'effort ou de lutte acharnée, puisqu'il suffirait d'écouter une voix intérieure quelques instants par jour. Simplement, nous n'avons pas le courage de regarder en face ce qui s'est fait par le passé, qui se fait encore et qui, malgré le cynisme de nos intellects infatués, constitue l'expérience radicale de milliers de personnes à l'heure actuelle. Ces gens sont les pionniers de l'Esprit, ils sont allés au bout d'eux-mêmes comme jamais personne ne l'a fait. Ce sont les éclaireurs, les passeurs, les guides, les chefs de file de la conscience humaine.

## Une question

Car enfin, ne t'est-il jamais arrivé de te poser la question suivante: «N'existe-t-il pas ici-bas quelque chose qui — *sans être ni religion ni politique* — puisse enfin raccommoder le monde, qui sache rallier les humains au-delà de leur égoïsme, les unir en une famille, les rassembler autour d'un axe commun?» N'y a-t-il pas un moyen scientifique et ouvert à tous de rétablir l'harmonie, l'unité et la paix, de nous entendre sur une façon d'exister sans avoir à nous entre-détruire et sans perdre du même coup la Terre qui nous porte malgré ses déchirures? N'existe-t-il pas enfin quelque chose qui pourrait tous nous unir?

## Une réponse

*Oui, cette chose existe bel et bien. Mais pour la trouver il ne faut pas rester au niveau des feuilles, il faut descendre au creux des racines. Cela a toujours été ainsi et le sera toujours. Et pour ne l'avoir ni vu ni vécu, nous demeurons dans ce qui nous sépare, nous oppose et nous divise. Il nous faudra plonger à la racine de l'être. La paix n'est pas dans les feuilles qui frissonnent et tombent; elle est dans ce qui perdure au-delà de toute saison.*

Quoi de plus simple et de plus logique que de se tourner vers la chose qui, entre toutes, a fait ses preuves et continue de le faire? Nous cherchons à unir les gens de la terre au moyen de l'écologie, des campagnes contre la guerre et la faim, des manifestations et des pressions auprès des puissants de ce monde. MAIS COMMENT UNIR ENTRE EUX LES HUMAINS SI L'ON NE SAIT UNIR EN LUI-MÊME UN SEUL HOMME?

Or, cette union totale, cette intégration de l'être existe déjà, elle a existé dès le début de l'humanité. Elle existait même avant que l'humain ne paraisse et avant que chaque individu n'en devienne conscient. Elle est la précondition de nos vies, de notre présence sur terre. Elle est plus grande que notre conscience rationnelle, elle plonge jusqu'à la racine de l'être.

On peut aujourd'hui la reconnaître si l'on sait regarder et entendre ce qui en nous dépasse le regard et le raisonnement. On peut aujourd'hui comme naguère découvrir en nous ce que tant d'hommes et de femmes ont découvert à travers le temps.

*Seul peut unifier le monde actuel ce qui depuis des siècles a uni les femmes et les hommes établis dans l'Esprit.*

## Les problèmes insolubles

Comment se fait-il que l'on ne réussisse pas à trouver la solution aux malheurs du monde? Parce que aucune voie essayée n'atteint la racine de l'être. Comme l'humain n'est ni tout d'abord ni uniquement un être économique, politique, intellectuel, religieux ou social, par conséquent, aucune de ces avenues ne va épuiser les problèmes ni pouvoir leur fournir une solution adéquate. La totalité de l'être est plus que la somme de ses parties.

On ne trouve pas de solution parce que aucune n'est *radicale* — aucune ne descend jusqu'à la racine. Et puisque la racine de l'être est spirituelle, c'est là où le complexe humain (pensée, émotion, corps) est transcendé par son lien avec l'Absolu, l'Esprit éternel.

André Malraux disait sagement que le XXIᵉ siècle serait spirituel ou qu'il ne serait pas. Le Nouvel Âge a récupéré, comme il récupère tout, cette phrase devenue slogan, en la modelant sur ses préjugés: «Le XXIᵉ siècle sera végétarien ou il ne sera pas.» Mais pourquoi pas alors: «le XXI<sup>e</sup> siècle sera sans fourrure» (et sans cuir si l'on veut être logique jusqu'au bout), ou encore «sera sans tabac», «sans drogues», ou «sans moteur à essence»? Tout cela aussi est bien. Mais en paraphrasant Malraux, on a oublié le sens du spirituel. Ces divers changements ne peuvent être que des *conséquences* d'une attitude métaphysique et non sa cause ni sa condition. Une transformation spirituelle peut guérir une maladie, mais guérir physiquement n'est pas comme tel un acte spirituel.

Ce que Malraux dit c'est que le XXI<sup>e</sup> siècle ne peut exister si chaque humain n'est pas en contact avec sa racine. Si l'on vit d'émotion, de croyance, de préjugé, d'obsession pour le confort, le plaisir, la performance intellectuelle ou physique — c'est-à-dire au niveau des feuilles — on va détruire l'humain et la planète. La dimension spirituelle est la base de l'édifice humain. Que l'on y croie ou non n'y change rien, pas plus que le fait de ne pas croire à la santé ou à l'écologie va empêcher les lois de destruction physique de s'appliquer. La nature dans son entier est spirituelle et si l'on ne respecte pas ses exigences, il ne faudra pas se surprendre qu'elle se retourne contre l'humain.

## La fin de l'ego

Dire que «le XXI<sup>e</sup> siècle sera spirituel ou il ne sera pas», c'est déclarer qu'il annonce la fin de l'ego, rien de moins. Car il n'y a au fond qu'un seul problème au monde, un seul obstacle, un seul mal: l'Ego. Un seul problème depuis toujours: cette trop grande importance que chacun veut se donner, perdant par là même tout sens d'ensemble.

C'est le mal radical (le mal qui atteint les racines), celui dont souffre toute la race humaine. Et c'est de là que découlent racisme, viol de la nature, abus des richesses, qui ne sont pas des problèmes à part mais des manifestations de l'abandon de la Racine. Chaque ego veut tout contrôler et tout ramener vers lui, en se servant du *pouvoir*, de l'*avoir* et du *savoir*, ses instruments privilégiés. Chacun veut être un centre tentaculaire, arachnéen, une force centripète consommant tout sur son passage, dans le but d'être le plus fort et le plus visible, d'être le seul, l'Unique. Et si plusieurs egos s'agglutinent pour former un groupe, une compagnie, un clan, une Église, un peuple, un pays, le problème prend alors des proportions monstrueuses. Cette multitude de petits centres, qui se prennent chacun pour la totalité, veut usurper la place de l'UN. Mais alors que l'Être silencieux et simple se répand comme une plaine de paix et de douceur, l'ego en voulant se répandre comme une métastase sur le corps entier, prépare sa propre déconfiture.

Rien sauf le contact avec notre racine sage et silencieuse, rien d'autre ne saurait guérir le monde. Il suffit de regarder.

## La politique?

Il n'est pas besoin d'être un observateur futé pour constater qu'aucun système politique n'a pu jusqu'ici résoudre les conflits entre individus et pouvoirs, entre dirigeants et dirigés, et encore moins entre pays dominants et dominés. On n'a pas trouvé l'équilibre entre les excès du capitalisme et les dérapages du communisme. Même l'économie mondiale n'a pas davantage su résoudre ses déséquilibres croissants. Graduellement mais irrémédiablement, riches et pauvres s'éloignent les uns des autres comme des continents à la dérive, et à mesure que l'on tente de créer entre États des «grandes unités», pays et provinces se morcellent et s'isolent. On ne sait plus intégrer ni simplement laisser exister les étrangers et les minorités — tous ces groupes dont les idées et les comportements diffèrent de la masse et qui, à un regard enfin humanisé, apparaîtraient comme une source du plus grand enrichissement.

## Les religions nouvelles?

La religion, comme nous le verrons plus loin, a beaucoup fait pour diviser les humains. Elle a longtemps dominé et infantilisé ses sujets. Mais de nos jours, les croyants semblent en mesure de se demander s'il a jamais existé une différence réelle entre pouvoir politique et religion. Ce qui semble apparaître clairement, c'est que les religions du passé n'offrent plus de réponses aux problèmes de notre temps. Elles s'effritent pour donner naissance à une foule de «religionettes» qui se multiplient comme des champignons — on en trouve quelque 200 juste au Québec. Des chercheurs qui, par milliers, pensent y découvrir un monde nouveau, se mettent simplement à la remorque d'un curé différent, d'une bannière repeinte à neuf. Les gens ne sont plus en contact avec leurs racines. Aussi se laissent-ils ballottés comme des feuilles par des vents de fortune — des opinions, des «révélations», des modes. (C'est Jean Cocteau qui disait avec beaucoup de pertinence que «la mode c'est ce qui se démode».)

En revanche, il y a un retour en force d'une certaine «droite» religieuse, d'un fondamentalisme agressif, inspiré par la peur de toutes ces expériences nouvelles qui mettent à l'épreuve et menacent même de faire éclater les religions au pouvoir.

Ces deux pôles — la recherche du nouveau à tout prix et la défense redoublée des positions établies — évitent chacun à sa façon l'expérience de l'Esprit, qui invite à la fois à un saut dans l'inconnu et à une vigilance continuelle. Aussi longtemps que l'on s'attachera à une forme quelconque — dans le cas présent, à une religion — on cherchera la sécurité, fuyant par le fait même l'aventure audacieuse et imprévisible de l'Esprit.

## La philosophie?

Autre bastion de la tradition, la philosophie a cessé d'être une quête de sagesse et une recherche de l'Absolu. Du reste, on ne croit plus à l'Absolu ni à Dieu ni au Transcendant. Toutes les choses que l'on ne peut penser de façon crédible et contrôlable sont déclarées inexistantes et sans signification. Déçu autant que démotivé, le contemporain ne croit tout simplement plus à rien.

Et pourquoi n'y a-t-il plus d'«amitié pour la sagesse», qui est le sens originel du mot grec *philo-sophia*? Une réponse est suggérée par le grand *scholar* des religions, Huston Smith, dans son ouvrage, *Beyond the Post-Modern Mind: «Une épistémologie* (étude du processus de la connaissance), *qui vise sans cesse au contrôle, élimine par le fait même la possibilité du Transcendant.»* C'est-à-dire que, lorsque l'aventure suprême de la connaissance est axée sur le contrôle — connaître pour mieux contrôler, le *knowledge is power* de Francis Bacon —, on est du même coup fermé à tout ce qui dépasse cette connaissance. On ne peut contrôler que ce qui nous est inférieur ou soumis (et ce que l'on veut contrôler, on commence par l'inférioriser, le diminuer, le rapetisser). Ce qui est au-dessus, nous dépasse — c'est le sens du mot «transcender» —, est éliminé du seul fait que l'on s'est enlevé le moyen de le saisir.

## La science, l'éducation?

Cet aveuglement s'est infiltré dans la philosophie dès qu'elle s'est mise à plat ventre devant une science qui, avec son cortège technologique, était reconnue comme le seul modèle valable de toute connaissance. «En science, poursuit Smith, la volonté de considérer comme connaissance ce qui peut seul augmenter notre capacité de contrôle élimine même la possibilité de connaître ce qui pourrait nous être supérieur... Cette attitude de la science exclut pour elle toute capacité de connaître le Transcendant.»

Même l'éducation s'est mise au service de savoirs qui facilitent le contrôle (à l'université, on ne s'appelle plus éducateurs mais «techniciens»), perdant par là même ce qui caractérise l'humain, qui n'est pas tout d'abord un agent de contrôle mais *un centre conscient au service d'une complexité qui le dépasse et qu'il doit apprendre à servir*. L'humain est le seul être qui sur terre est en croissance indéfinie, capable d'apprendre sans limites. C'est cette ouverture qui l'empêche de se replier sur lui-même, c'est cette incomplétude qui est le véritable moteur de son achèvement — un thème que j'ai développé dans *L'Homme inchangé* et *Les Voies du Possible*.

## Notre ignorance de l'ensemble

Comme le dit le grand anthropologue, Gregory Bateson: «Puisque vous ne connaissez pas l'ensemble, vous pourriez, sans même le savoir, créer la prochaine monstruosité tout en voulant réparer l'actuelle. Il y a un esprit plus vaste dont l'esprit individuel n'est qu'un sous-système. Cet esprit plus vaste est présent à l'intérieur du grand réseau social et il inclut même l'écologie planétaire.» (Cité par H. Smith.) Et, de son côté, le grand astrophysicien de l'Université de Virginie, Trinh Xuan Thuan, auteur de *La Mélodie secrète* (Éditions Fayard), affirme dans une interview accordée au *Figaro-Magazine*, le 9 mai 1992: «Comme il y a eu jadis les univers magique, mystique, mathématique, géocentrique, il y aura, dans le futur, une longue série d'autres univers qui se rapprocheront toujours davantage du véritable Univers. Mais je pense que nous ne l'atteindrons jamais. (...) Pour donner un sens à l'univers, il faut qu'il y ait une conscience capable d'appréhender sa beauté et son harmonie. Pas forcément notre forme de conscience, d'ailleurs. C'est ma conviction. Les réglages de cet univers sont à mes yeux trop fins pour être les résultats du seul hasard. Mais je ne pense pas que nous accédions un jour au secret de la vraie nature de l'univers. La mélodie secrète des choses nous restera à jamais dissimulée, même si nous pouvons nous en rapprocher de plus en plus par différents moyens.»

Dans une telle perspective, tout contrôle apparaît infantile et illusoire. C'est néanmoins le slogan de l'heure, le cri de ralliement de la majorité, la motivation derrière tout ce qui se fait aujourd'hui, dans les sports (les médailles olympiques), dans le showbiz (les cotes d'écoute), dans les relations sociales (la domination du mâle, la guerre des sexes), comme en affaires (le compétiteur récupéré et absorbé) et finalement en éducation — sujet que nous traiterons dans un chapitre ultérieur.

## Qu'est devenue la Raison?

«La cause de la crise actuelle en philosophie, reprend Huston Smith, c'est la réalisation que la raison en soi et laissée à elle seule est sans force. Par elle-même, la raison ne peut produire aucune connaissance définitive. L'époque de l'Enlightenment anglais (correspondant au «siècle des lumières» en France) avait tout centré sur la «lumière naturelle de la raison», qui s'est du reste avérée un mythe pur et simple. La raison, même ennoblie d'une majuscule, n'est pas en elle-même une lumière. Elle est plutôt un transformateur qui fait des choses utiles pourvu qu'il soit branché sur un générateur.» Et ce générateur, c'est le «vaste esprit» dont parle Bateson, la Source, la Racine en nous, le Transcendant dont parle la tradition spirituelle. La raison, c'est la feuille, alors que la racine qui l'inspire et la contient, la nourrit et la dépasse dans sa créativité et son intelligence infinies, c'est la conscience de l'Être.

## La raison de qui, au juste?

Comment, du reste, pourrait-il exister une connaissance complète qui serait plafonnée au rationnel? Il n'est pas besoin d'être un génie pour voir que, de Platon à Pascal, de Montaigne à Sartre, de Hume à Heidegger, personne ne s'est entendu sur ce qu'était la Raison. Et au XIXe siècle, la Révolution française prétendait l'avoir découverte comme la clé de la nouvelle société, du nouvel homme. Elle l'a même divinisée et adorée au Champ de Mars. C'était en réalité non pas la Raison, mais Dieu, l'Absolu, qu'elle couronnait ainsi comme sur un reposoir de Fête-Dieu. Car sans le savoir, on avait basculé dans la Religion, en changeant de hiérarchies, de fanions, de pouvoirs et d'intolérances. *Car ce n'est pas le nom de ce qu'on adore qui fait que c'est de la religion, c'est le fait qu'on l'adore.* Or, la raison se prend naturellement pour un dieu, elle ne demande pas mieux que d'être adorée. Et c'est cela justement son aveuglement.

En somme, on a fait de la Raison ce que l'on a fait de Dieu même — on l'a mêlée à toutes sortes d'*émotions* déformantes en prétendant défendre la vraie chose. La Raison est devenue préjugé de culture, comme la Religion est devenue préjugé de croyance. *Car, il faut bien se le demander, si la raison, dont Thomas d'Aquin préten- dait faire le fondement de sa* Somme *de connaissances, était aussi universelle qu'il l'affirmait, pourquoi alors tous les hommes ne sont-ils pas devenus thomistes?*

## Le besoin de contrôle

La connaissance scientifique déclenchée au XVI^e siècle a répandu comme un cancer la convoitise du contrôle. La science offrait un moyen sûr de contrôler et d'avoir raison — de prouver quelque chose. Et la technologie qui en découlait confirmait ce contrôle et donc la vérité de la connaissance scientifique. À ce phénomène, personne en Occident n'a su ou osé résister et toutes les branches du savoir ont succombé au charme de cette nouvelle puissance, y compris même la théologie, qui ne sachant plus se baser sur du *vécu*, dut se contenter d'une Raison qui défendait un *pensé*.

## L'ego occidental

Le règne de l'ego (la prétention et la volonté de contrôler) avait envahi la conscience occidentale, de telle sorte que sans le contrôle et le pouvoir, rien n'avait désormais de valeur. Tout était mesuré à l'aune du contrôlable. Tout était mesurable, quantifiable, comptable ou achetable. La connaissance réelle était celle qui donnait du pouvoir sur la vie, les idées, la nature, les êtres et, si possible, sur les masses. En corollaire, tout ce qui ne garantissait pas ce pouvoir perdait sa crédibilité et sa validité.

Ainsi, avec l'avènement de la science, la connaissance du Transcendant et les expériences qui en ouvrent la voie seraient considérées comme l'exemple même de l'illusion, de la superstition et du subjectivisme. Comme on ne pouvait mesurer, ni démontrer, ni prouver ces connaissances, ni surtout reproduire en laboratoire l'expérience mystique ou la réduire à une formule mathématique, on allait donc conclure en toute logique que ce ne pouvait être que du vent, tout simplement.

## Le réductionnisme

Je me réfère ici à un livre, qui m'a inspiré et accompagné pendant des années, *Beyond Reductionism* (textes colligés par Arthur Kœstler). En amputant l'être humain de son fondement, il est demeuré sans racine, sans appartenance, et sa vie a perdu sa signification, autant qu'un corps amputé perd son sang. Tout était réduit à ce que l'on pouvait expliquer et contrôler, posséder et soumettre. Tout était une machine démontable, tout n'était que morceaux, collages, assemblages. Rien n'était relié par la racine.

Pour Newton, les étoiles devenaient des machines; pour Descartes, ce sont les animaux; pour Hobbes, la société; pour La Mettrie, le corps humain. Et enfin, au regard de Pavlov et de Skinner, le comportement humain était de la mécanique. Le mystère s'était envolé de tout ce que les humains observaient *parce qu'il s'était envolé des observateurs eux-mêmes*. Peut-être qu'à la fin, tout n'est ici qu'une illustration du principe suivant: on est incapable de voir ce que l'on a refoulé en soi.

## La raison ne peut se dépasser

On ne peut enlever le Transcendant sans réduire l'humain à ce que la raison seule peut saisir — alors que le plus irréfutable des logiciens, Kurt Gödel, avait déjà démontré avec la dernière rigueur, qu'aucun système logique ne peut être fondé sur un principe logique, et que, par conséquent, il ne peut jamais être complet par lui-même. (Ainsi, il n'est pas de fondement logique aux séries de Fibonacci, aux formes géométriques des cristaux, à la série des nombres premiers, ou au fait que la

Terre est à telle distance du Soleil. Ce sont desquelles on doit partir sans pour autant po... prouver ou en prouver la validité.) Il semble clair (mais sans que l'on puisse le prouver, bien sûr) que la raison ne peut être qu'un sous-système de ce qui la dépasse. Tout est inclusif, relatif à l'ensemble, relié à celui-ci dont tout tire son sens et sa valeur. Tout est enraciné. (*Et lorsque la raison est elle-même enracinée, elle peut alors accomplir des merveilles.*)

Ce qui en nous veut n'avoir rien à faire avec des racines, c'est notre petit mental, l'ego qui veut justement tout contrôler. C'est le mental rationnel ou logique qui ramène le monde à lui et ne peut absolument pas comprendre ce qui le dépasse: l'inconnu, le mystérieux, l'inexplicable, le spontané.

## L'ego résiste à ce qui le dépasse

Passe encore qu'il ne le comprenne pas, mais là où ce penchant devient un cancer, c'est lorsque le petit ego ne peut *accepter* que quelque chose dépasse la raison. Combien de fois en conférence, j'ai eu maille à partir avec des auditoires universitaires dès que je commençais à suggérer que la raison pouvait être dépassée, que la pensée pouvait être un obstacle à une compréhension ou à une connaissance plus grandes. Les gens fanatiques de la raison sont incapables d'admettre que l'on parle de quelque chose qui transcende leur instrument préféré de contrôle — la raison. Ils se sentent immédiatement attaqués. Car c'est là que le bât blesse; c'est là que s'installe le refus d'avancer.

## Pourquoi?

En effet, pourquoi refuserait-on le Transcendant? Pourquoi refuse-t-on de s'intéresser à la tradition spirituelle, d'entrer dans la voie qui libère? Pourquoi refuser d'être libre? D'où vient le blocage?

L'ego, qui est coupé de sa Source, maintient sa force et son royaume en demeurant fermé à cette Source, en la niant, en la refoulant. (Comme une source d'eau que l'on a bouchée.) L'ouverture au Transcendant bouscule tellement le royaume du contrôle dans lequel on s'est installé, qu'il nous est quasi impossible même de nous en apercevoir. Mais comme le puits artésien ne cesse de faire pression, le désir en nous d'infini et d'absolu se tourne vers des substituts, il jette son dévolu sur ces collections d'objets, d'êtres, de diplômes, de voyages, de connaissances, de sensations, d'évasions. On a toujours peur de l'Absolu, en même temps qu'on en a faim. On s'adonne au divertissement dont parlait Blaise Pascal, à cette fuite qui fait croire à une quasi-libération. Ainsi est momentanément apaisée la soif d'infini qui nous presse toujours des profondeurs. On change les meubles de place, plutôt que d'avoir à changer tout l'édifice. Et en changeant de place meubles et décors, on peut se convaincre que tout le panorama a été changé, que l'on a vraiment fait un effort pour changer radicalement son regard. Pourvu que l'on garde le contrôle, se dit-on, on peut tolérer beaucoup de progrès, d'amélioration, et même de légères mutations. On peut même se mettre à employer des termes spirituels et à les intégrer dans son marketing! Mais surtout, ne pas avoir à se transformer, à devenir autre, à se perdre en entier dans plus grand que soi. Cela, jamais.

## «La grande tradition n'a pas changé le monde»

Cette attitude de refus (qui vient avec la volonté de contrôle) explique peut-être pourquoi, comme on me le fait souvent remarquer, la grande tradition n'a pas changé le monde et n'a pas atteint la majorité des humains. («Si elle est aussi importante et profonde que tu le dis, pourquoi y a-t-il si peu de monde qui y adhère?») C'est qu'elle n'est justement pas un agent de contrôle et n'a donc aucun désir de changer qui que ce soit. Elle ne peut rallier ou convaincre comme le fait la science, puisqu'elle n'œuvre pas au niveau des démonstrations extérieures. Elle n'agit pas non plus comme l'agent de contrôle qu'est le corps politique ou religieux. Elle ne fait pas de merveilles, et si elle est convaincante, ce n'est pas pour la raison, mais pour le cœur, pour cette intelligence-intuitive-et-compatissante en nous. Et cela dépasse justement le domaine de la pensée rationnelle qui ne peut y avoir accès. Il y a un acte d'abandon à faire pour y entrer, et cela n'est ni populaire, ni arraché de force, ni compatible avec la grande machinerie de l'ego collectif qui veut maintenir un monde de contrôleur et de contrôlé. En somme, la tradition de l'Esprit offense notre volonté, c'est pourquoi on lui résiste tant.

L'expérience intérieure invite à lâcher prise, à s'abandonner à la vie, à cesser de se juger, de catégoriser, de diviser, de vouloir changer le monde. Or, c'est parce qu'on ne les aime pas qu'on veut changer les choses — soi-même autant qu'autrui. L'expérience spirituelle, elle, invite à dire oui à la réalité, à aimer sans condition. Et qui veut vraiment faire cela?

## La montée de l'Ego

Durant la première partie de sa vie, chacun de nous cherche à se placer, à s'affirmer, à dominer, à être en tête de ligne, le meilleur sinon même l'unique. C'est l'époque des conflits, des joutes, des combats, le temps où l'on toise l'adversaire et tâche de l'abattre ou de jouer au plus fin. On voit la vie en termes de dualité, de polarisation, d'opposition. C'est la guerre contre d'autres pays, contre les autorités, contre soi-même, contre l'autre sexe.

L'opposition entre hommes et femmes fait partie intégrante de cette étape d'ajustement social, d'affirmation individuelle et d'autonomie. La guerre des sexes participe à la construction d'un ego fort. *Il est naturel de prendre position contre ce que l'on a nié en soi*, et que l'on nie ensuite chez les autres.

## Transcender les opposés

Mais il y a une autre phase de croissance: celle qui transcende l'ego. L'opposition est alors dépassée par la complémentarité. On perçoit les différences comme tendant vers l'unité, comme ne formant qu'un, et les principes masculin/féminin comme des forces aussi inséparables que les pôles d'un aimant. Être pleinement adulte, c'est savoir intégrer chacun pour soi ces deux pôles, ces deux centres d'énergie qui nous habitent — après les avoir vécus en soi-même comme mal intégrés ou simplement refusés.

## À l'aise dans le paradoxe

La plupart des peuples vivant aujourd'hui sont en lutte avec leurs voisins ou entretiennent des conflits entre leurs divers clans et factions. On semble incapable de dépasser le niveau de conscience infantile où l'on ne voit que des oppositions là où ce qui existe vraiment ce sont des complémentarités. Le passage du premier état de conscience au second est l'entrée dans la conscience spirituelle. (C'est ce que j'ai abondamment décrit dans *Renaître de ses cendres*.)

*Mais ce passage n'est même pas franchi par la plupart des pays dits civilisés.*

OR, LA MATURITÉ D'UNE PERSONNE OU D'UN PEUPLE SE MESURE À SA CAPACITÉ DE VI-

VRE À L'AISE DANS LE PARADOXE ET D'Y PUISER UNE FORCE CRÉATRICE PLUTÔT QUE DESTRUCTRICE.

On accède à la maturité lorsque l'on a compris que les deux pôles naguère conflictuels étaient en réalité les pôles de la complémentarité, de l'équilibre, de la danse vitale. Ainsi découvre-t-on que dans notre vie, lumières et ténèbres sont essentielles les unes aux autres, de même qu'en nous masculin et féminin, que Blanc et Noir (ou toute autre race, religion, culture nourrie depuis des temps immémoriaux de préjugés, d'hostilité et de revendications). Ainsi également, riches et pauvres, lettrés et illettrés, ministres et gens de la rue, gouvernants et gouvernés, enseignants et enseignés, parents et enfants sont-ils tous des pôles qui se complètent et s'équilibrent et ce n'est que le jour où ces polarités seront vécues comme forces inter-reliées (mais non inter-*dépendantes*) et réciproquement nécessaires, que le monde commencera à vivre dans la conscience de son unité plutôt que de sa division. On verra justement à travers les choses divisées l'unité qui les fonde et qui s'exprime par ces différences. L'harmonie des contraires — la fameuse *coincidentia oppositorum* du cardinal Nicolas de Cuse — n'est pas un anéantissement, une neutralisation des oppositions, mais plutôt une nouvelle création dynamique où dansent et jouent les forces en présence.

L'harmonie venue de l'acceptation de ce que l'on est — mâle et femelle, riche et pauvre, lumière et ténèbres — permet de voir que *ce n'est qu'en vivant ce qui transcende les deux pôles qu'ils sont unifiés, que l'on retrouve leur sens respectif et, qu'enfin, on peut réintégrer l'unité de la personne.* Aussi longtemps que l'on vit dans la guerre des sexes (en soi ou avec les autres), on est dans l'ego. Le fait que l'on s'attarde à vivre ce conflit est signe que l'on ne veut pas embrasser ce qui nous habite et qu'une volonté de dominer en nous veut contrôler l'autre dimension (qui se concrétise dans le conjoint) en la refoulant, en la niant, ou en la détruisant. Cette tendance, c'est l'ego, que l'on trouve, faut-il le dire, autant chez la femme que chez l'homme, mais avec des traits différents — la femme, dans sa capacité de manipuler par «en-dessous» et d'être possessive, l'homme, par sa violence physique et sa tendance au machisme.

La paix extérieure entre masculin et féminin ne sera réalisée que lorsque l'on assumera *en soi* les énergies du sexe opposé. Le machisme de notre société est l'indice que l'on croit encore que l'être humain c'est tout d'abord et avant tout un ego et que l'on ne peut aller plus loin que cela. Il faudra un long moment de croissance pour enfin comprendre que l'ego — la volonté de contrôler — est justement ce qui retarde l'humanité, son évolution autant psychique que spirituelle, ainsi que sa capacité de vivre comme une famille unie. Car enfin, c'est le désir de contrôler qui empêche de voir l'unité possible entre les choses.

## La quête d'absolu

Nous cherchons tous la Source, le Parent, la Racine de notre être. Nous voulons retrouver l'unité originelle, l'union à la source. Or, le parent est déjà en nous, il l'a même toujours été, si près de nous que nous ne l'apercevons pas. Il est la condition permettant d'exister, le fondement de toute vie.

Ce parent, ce procréateur, cette source, c'est l'Esprit. Le mot *spiritus* (esprit) est de la même racine que re*spir*er, in*spir*er, e*xpir*er. En effet, la première manifestation de l'Esprit en nous, c'est le Souffle vital, le mouvement respiratoire. Rien ne semble mieux rappeler l'Esprit que le souffle — spontané, souple, invisible, libre, insaisissable, inconnaissable dans son origine. Le Souffle-Esprit est le créateur de toute vie. Il est Vie —

force de transformation et de croissance continue. Si l'on se rappelle le début de la Genèse (le livre de l'engendrement, de la Source, justement), l'humain reçoit le souffle au cours d'un acte spécifique. Cette mise en scène de la création de l'Homme évoque la naissance de chaque humain.

Car, en effet, ce ne sont pas les père et mère qui donnent le souffle: ils produisent le corps qui n'a de vie autonome qu'au moment où il reçoit le souffle. Ce n'est qu'après avoir quitté la mère que le bébé se met à respirer comme un individu — «de ses propres ailes». La mère prépare le vaisseau, mais c'est l'Esprit qui souffle dans ses voiles.

Le Souffle-Esprit s'empare du corps et déclenche tous les autres mécanismes, depuis la circulation, la digestion, l'élimination et l'homéostasie et surtout, l'irrigation du cerveau. Il anime le corps, il en fait un vivant qui respire, complet en lui-même. Il l'inspire et l'expire, le remplit et le vide, il donne et enlève, il agit comme le maître de cet appareil aux mille fonctions, le maître absolu de la Vie. Le Souffle-Esprit nous engendre d'instant en instant, nous rappelant que la vie est don et qu'elle vient d'ailleurs. La source de vie me précède. Elle préexiste, venue «on ne sait d'où, allant on ne sait où» disait Jésus. Il y a loin du premier souffle à ce moment où l'enfant prend *conscience* qu'il respire. Le don gratuit précède la reconnaissance. La respiration précède la conscience de respirer. La présence du Souffle-Esprit-Source précède la conscience qu'on est mû, engendré, animé. Et il faudra respirer encore longtemps avant de prendre conscience que la source qui nous met au monde ne cesse de nous y mettre.

## Le Transcendant

C'est parce que la Source coule d'elle-même, suivant son propre mouvement, qu'elle est transcendante, c'est-à-dire *au-delà de tout contrôle de la volonté et de toute prise intellectuelle.* Elle dépasse notre connaissance. En effet, on ne pourra l'approcher que par la non-connaissance, «... ce qu'aucun intellect ne peut réaliser ou même s'imaginer comme possible jusqu'à ce qu'il approche cette façon de vivre à partir de l'autre côté de la connaissance — qui est le côté de la non-connaissance», dit Bernadette Roberts dans *The Experience of No-Self.*

Tout ce qui en nous fonctionne par soi-même, tout ce qui en nous ne prend pas origine dans notre vouloir ou notre pensée, nous rappelle que cette Transcendance nous habite, nous contient et nous précède. C'est surtout durant le sommeil profond que le souffle se déploie dans sa plénitude et sa transparence. Il n'y a pas de personne consciente qui respire pendant le sommeil et cependant tout va bien — justement parce que notre volonté et notre intellect n'y sont pas. La respiration en sommeil profond est l'un des indices les plus clairs de la Présence en nous, d'une originalité et d'une spontanéité *incontrôlables et incompréhensibles.* Présence incontrôlable parce que incompréhensible, justement.

En cet instant même, toi qui lis ce livre, tu peux fermer les yeux et placer ta conscience dans ta respiration. Si tu es présent au souffle et le suis comme ton guide, il t'ouvrira à l'Esprit. Le souffle est plus que le symbole de l'Esprit; c'en est la porte d'entrée.

Le souffle ne mène nulle part, comme la voie. Tu n'as qu'à le suivre et il te mènera. Tu n'as qu'à le suivre et petit à petit, il te libérera du besoin d'aller quelque part; du besoin de contrôler quelque chose en ce monde.

«C'est dans le rythme de la respiration que, tout d'abord, nous pouvons nous ouvrir à ces forces de la profondeur... À la condition de prendre le souffle pour ce qu'il est: une expression de la Vie transformante. Toujours de nouveau, dans l'expiration, on se donne et l'on s'abandonne afin de pouvoir, dans l'inspiration, admettre ce qui nous attend. Toujours de nouveau, dans cet esprit, lâcher prise pour faire place à ce qui veut venir... Faire le vide du connu pour faire place à l'inconnu. Cheminer le chemin, c'est reconnaître et accepter la respiration de la Vie qui se résume dans une formule: meurs et deviens.» («Extraits de Leçons et Conférences de Karlfried Graf Dürckheim», présentés par Jacques Castermane, *in Question de*, n° 81.)

On a toujours cherché l'Absolu. On a toujours voulu être libre de tout. Ne plus souffrir, ne plus attendre, n'avoir plus à espérer ou à lutter, posséder ici et maintenant et pour toujours le bonheur, n'être soumis à aucune contrainte. «Le désir du transcendant, de l'être, écrit Jacob Needleman, est probablement l'élément le plus important de la psyché, mais il a été ignoré. (...) Toutes les traditions spirituelles ont reconnu cette force en nous, cette quête, tout en leur donnant des noms différents. (...) Les enseignements de toutes les grandes traditions disent la même chose. Nous avons cela en nous, mais nous nous en sommes séparés. Et il y a un esprit en nous qui est fait pour agir comme serviteur ou instrument de quelque chose de supérieur: notre intellect cérébral ordinaire est plutôt comme un ordinateur qu'on a pris pour le véritable esprit.» (*Timeless Visions, Healing Voices*)

Oui, l'absolu. On ne peut l'éviter. Notre ressort est monté exprès pour y aspirer. On le cherche même si on ne l'appelle pas ainsi. Marx le cherchait autant que Hegel; Hitler autant que Staline; Camus autant que Ionesco; Einstein autant que Newton et Dali autant que Van Gogh.

Nous le cherchons ailleurs, en dehors de nous, parce que nous sommes séparés de nous-mêmes. Nous nous fuyons nous-mêmes. Et comme nous nous contentons de substituts de l'Être véritable, nous restons toujours sur notre faim.

Cependant, il y a des chercheurs qui ont trouvé. Les rapports de leurs voyages sont consignés dans les textes de la grande tradition — les expériences de Chuang Tsu, de Bodhidharma et de Hakuin, de Denys l'Aréopagite et de François d'Assise, d'El Arabi, de Ramana, d'Ananda Mayi, de Karl Dürckheim, d'Arnaud Desjardins et de Bernadette Roberts.

C'est la seule tradition qui a traversé toute l'histoire humaine en demeurant égale à elle-même, rassemblant au cours des âges hommes et femmes de toute culture, de toute langue et de tout niveau social, réunis dans l'expérience de l'Esprit.

## La vie spirituelle n'est pas intellectuelle

Cette union n'a été possible que parce qu'elle n'est pas une connaissance de l'intellect. Si les thèses, les doctrines, les écoles divisent à l'infini les esprits, c'est justement parce que la pensée par elle-même sème la division; puisqu'elle est dualiste. Or, dans la tradition spirituelle c'est l'expérience qui unifie et non la pensée. En effet, les humains ne pourront jamais s'entendre sur une pensée commune, parce que chaque culture, chaque nationalité tend à défendre ses valeurs et ses opinions à l'encontre de toutes les autres, et que cette pensée est toujours grevée d'émotions et de préjugés. La pensée pure n'existe pas, sauf peut-être en mathématiques ou en physique. Les pensées communes demeurent le domaine des opinions et des croyances, alors que les expériences sont branchées sur la vie telle qu'elle est. L'expérience spirituelle n'a que faire d'opinions. Elle est faite de vécu et non de pensé. Elle est empirique et à cause de cela, plus près de la science avec sa méthode rigoureuse, que de la religion avec ses croyances. Il est difficile d'éviter la conclusion que seule l'expérience au plus profond de l'être peut unir la race humaine actuelle, puisque ce fait existe déjà et qu'il a toujours existé à travers les temps.

## La sagesse qui demeure

«Nous sommes à peine conscients de l'extrême étrangeté de notre situation, écrivait Alan Watts; nous avons peine à reconnaître le simple fait qu'il a existé et qu'il existe toujours un unique consensus philosophique répandu à travers le monde. Ce consensus a rassemblé et rassemble encore des hommes et des femmes qui nous rapportent des intuitions identiques et qui enseignent la même doctrine essentielle, qu'ils vivent de nos jours ou qu'ils aient vécu il y a six mille ans, venus du Nouveau-Mexique dans le Far West ou du Japon en Extrême-Orient.» (Cité par H. Smith.)

«Ce consensus, reprend à son tour Ken Wilber, témoigne de la nature universelle de ces vérités, de l'expérience universelle d'une humanité collective qui s'est partout entendue sur certaines connaissances profondes touchant la condition humaine et son accès au Divin. (...) Si vous pouvez trouver une vérité sur laquelle les hindous, les chrétiens, les bouddhistes, les taoistes et les soufis *s'entendent tous*, alors vous avez probablement trouvé quelque chose de profondément important, quelque chose qui parle de vérités universelles et de significations ultimes, quelque chose qui touche au cœur même de la condition humaine.» (*Grace and Grit.*)

Si donc tu cherches ce qu'il y a de plus sûr et de plus durable chez l'humain, tu le trouveras assurément confirmé par la tradition spirituelle de l'humanité, *une tradition basée non sur la croyance de masse, mais sur le vécu personnellement vérifié et que chacun de nous ne peut manquer de retrouver s'il se donne la peine de faire les pas que les sages de cette tradition ont eux-mêmes parcourus.*

# La métaphysique éternelle

Comme le dit Aldous Huxley, qui a beaucoup fait pour répandre cette notion: «*Philosophia perennis* — la philosophie permanente —, le mot est de Leibniz, mais la chose est immémorable et universelle. C'est la métaphysique qui reconnaît en toutes choses, dans les vies comme dans les esprits, une réalité divine; c'est la psychologie qui voit dans l'âme quelque chose de semblable ou même d'identique à la divine réalité; et c'est enfin la morale qui place le but final de l'Homme dans la connaissance du fondement immanent et transcendant de tout être.» (*The Perennial Philosophy*, Harper & Row, 1944)

En somme, l'expérience spirituelle fondamentale est la connaissance individuelle de la Source éternelle et universelle à la racine de notre être. Comme nous le verrons dans les textes cités dans la deuxième partie du livre, les personnes de l'Esprit de tous les âges et de toutes les cultures renvoient à cette expérience commune. Cette expérience vécue par tant de personnes a rendu évidentes certaines propositions qui peuvent être ramenées à celles qui suivent:

- La réalité ultime, l'Esprit, existe. «Nous n'avons pas à créer ou à produire quoi que ce soit par nos efforts, dit Arnaud Desjardins. La réalité ultime est déjà là. C'est l'affirmation centrale de tous les enseignements spirituels.» («La Voie de la Réconciliation», *in Terre du Ciel*, 1992, n° 9.)

- Cette réalité ultime se trouve à l'intérieur, mais tous reconnaissent qu'elle n'a pas de nom.

- La plupart ne se rendent pas compte de cette présence intérieure parce qu'ils vivent dans un monde de séparation et de dualité, dans un état d'illusion. C'est l'ego qui constitue l'illusion de base.

- En devenant conscient de notre illusion, de l'obstacle en nous à cet éveil, nous pouvons sortir de notre aveuglement.

- Si nous suivons cette voie jusqu'à sa conclusion, il en résulte une naissance nouvelle ou une illumination, c'est-à-dire *une expérience directe* de l'Esprit, une libération définitive.

- Celle-ci met fin à la séparation et donc à la peur et à la souffrance.

- La libération déborde habituellement dans des actes extérieurs de compassion en faveur de tous les êtres vivants. (Inspiré de Ken Wilber, *Grace and Grit*.)

## Ces vérités sont-elles certaines?

Bien que peu de choses ici-bas soient certaines, on peut dire toutefois que ce qui est le plus certain, c'est ce qui a été le plus souvent et le plus longtemps vérifié. La vérité la plus certaine (dirait La Palice) est que nous existons et que nous mourrons tous. Mais les autres choses qui ont été vérifiées par le plus grand nombre à travers le temps le plus long sont plus certaines que toutes les autres. Telles sont, par exemple, les connaissances contenues dans la tradition spirituelle et éprouvées par chaque chercheur à travers l'histoire.

## La spiritualité n'est pas la religion

Plus haut, nous avons vu que la politique, l'économie, la philosophie et la science n'ont pas su trouver la solution aux problèmes humains. La religion non plus n'a pas réussi parce qu'elle s'est séparée de l'expérience spirituelle. En effet, beaucoup confondent les deux, et cette erreur est source de bien des malentendus. En voulant se libérer de la religion, que certains voient comme

périmée, ils rejettent du même coup l'expérience spirituelle. Tout est pris ensemble sans distinction. Parce que
la religion a négligé les racines, elle n'a pas su ce qu'il
fallait conserver ni ce qui n'était que passager.

Elle s'est identifiée à des dogmes, à des révélations
«coulées dans le béton», à des certitudes figées, c'est-à-
dire que l'on n'a pas le droit de remettre en question.
Comme l'expérience spirituelle n'appartient à aucun courant culturel ou à aucun système de croyances, elle n'appartient pas comme telle à la religion organisée. L'Esprit
survole librement les catégories mentales, les codes moraux et les images par lesquelles on tente de le saisir. En
fait, l'expérience spirituelle est plus près de la connaissance scientifique que de la religion, parce qu'elle doit
être vérifiée, vécue et incarnée pour être comprise.

Pour bien distinguer le domaine de la religion-sys-
tème de l'expérience spirituelle, celle-ci prendra divers
noms qui rappellent qu'elle n'est pas de la religion: spiritualité, expérience mystique, vie contemplative, expérience métaphysique, fondement de l'Être, connaissance
ou expérience de l'Être, réalité suprême, vraie nature,
conscience universelle, état de non-dualité, état-sans-
ego, religion ésotérique (par opposition à l'exotérique ou
la religion-pouvoir).

## Religion et révélation

Selon Dürckheim, «cette religion basée sur l'expérience de la Transcendance est autre chose que la religion
basée sur la croyance» (*in Question de,* n° 81). La religion-pouvoir ne fonde pas sa légitimité et sa crédibilité
sur une expérience intérieure personnelle mais sur une
révélation venue d'en-haut et communiquée à un groupe.
Cette révélation, si l'on considère comme exemples typi-
ques les trois grandes religions du Livre (judaïsme, chris-

tianisme et islamisme), est perçue comme une valeur absolue: il faut s'y soumettre sans condition. La révélation — écrits ou discours «reçus d'en-haut» — transcende donc le groupe qui y adhère et c'est habituellement une classe dirigeante ou un chef quelconque (Moïse, Jésus, Mahomet) qui, sans être à la tête d'une hiérarchie (comme c'est le cas chez les chrétiens), demeure dépositaire des interprétations autorisées et des lois religieuses (comme chez les rabbins et les imams). La révélation a refait surface récemment par le *channeling*, comme elle s'était manifestée plus tôt dans la religion des mormons et celle des témoins de Jéhovah.

## L'au-delà de Dieu

«Dieu est l'objet de la théologie kataphatique, ou ce qui s'appelle la *via affirmativa*, la voie affirmative, alors que la divinité au-delà de Dieu est l'objet de la théologie apophatique, la *via negativa.*» (Huston Smith) Dans la tradition chrétienne, on a longtemps établi une distinction entre voie négative et voie positive, ou plus spécifiquement, entre les voies apophatique et kataphatique. Ces deux voies mènent vers une connaissance différente: celle d'un Dieu personnel (kataphatique) dont on croit connaître les attributs positifs, et celle de la voie négative qui transcende les figures et nie que tout ce que l'on dit de Dieu soit exprimable ou juste. On peut facilement voir que l'expérience spirituelle se distingue de la religion en particulier en ce qu'elle conçoit le Transcendant comme dépassant une figure de Dieu. Dieu n'y est pas représenté, alors que la religion voit Dieu comme une personne, ou un être spécifique.

En effet, ce n'est pas par accident que le mystique suit la *voie de négation* puisque sa connaissance de Dieu devient connaissance-sans-objet. Le connu auquel il est uni se révèle être en réalité l'Inconnu, qui a cessé d'avoir un nom. (Voir Jean Klein, *La Joie sans objet*, et Merrell-Wolff, *Philosophy of Consciousness without an Object*.) Le contemplatif entre dans le silence et la pure subjectivité. Il ne saurait en parler. (Il peut parler de l'approche et des «moments» entourant l'instant de connaissance-union, mais pas de celui-ci.) La connaissance est devenue non verbale, non explicite. Un voile se lève entre sa connaissance de naguère — celle où l'on connaissait un objet, qu'il fût arbre ou Dieu — et la connaissance nouvelle qui ne repose sur rien d'autre qu'elle-même. Plus rien ne lui renvoie la balle. Elle est devenue non-connaissance (d'où l'expression *voie de négation*). Ce silence, ce vide, cet inconnu efface tout le connu, il abolit la mémoire, le passé. (Dans *La Montée du Carmel*, Jean de la Croix décrit l'abolition de la mémoire comme le commencement de la sagesse, expérience que l'on retrouve aussi chez une mystique contemporaine, Bernadette Roberts, dans *The Experience of No-Self*, Éditions Shambhala.)

De son côté, Ramakrishna, le mystique indien du XIX$^e$ siècle, disait que nous avons une image de Dieu, ou que Dieu existe pour nous, aussi longtemps que persiste notre ego.

«Les prêtres... ont tendance à se concentrer sur Dieu, alors que les mystiques contemplent le Transcendant sans nom et sans visage», conclut Huston Smith (*Beyond the Post-Modern Mind*).

## La méfiance vis-à-vis des mystiques

L'expérience personnelle du Transcendant a été souvent considérée comme suspecte (à certaines époques de l'Église, par exemple) ou, même, comme hérétique (comme dans le cas de l'islam vis-à-vis des soufis). Par ailleurs, dans la tradition juive, on parle de la vie intérieure des rabbins avec beaucoup de discrétion et de respect, même avec humour, en racontant des histoires remplies de sagesse. Cet humour se retrouve aussi dans les célèbres fables de Nasrudin, le soufi espiègle.

## La prétention de la religion à détenir la vérité

Dans la religion, ce qui compte c'est de croire sans poser de questions et d'exécuter les ordres d'En-Haut, comme l'indiquent les quelque 600 prescriptions du judaïsme, les 5 actes obligatoires de l'islam et les commandements de l'Église chrétienne. Il y a dans la religion une gêne à s'autocritiquer, puisque l'on se croit unique détenteur de la vérité et que toute remise en question de celle-ci serait un sacrilège. Cette incapacité de prendre ses distances vis-à-vis de la révélation tient justement à ce que l'on refuse l'expérience et l'exploration personnelles, qui entraînent dans leur sillon doutes et erreurs, pour ne tolérer que l'obéissance aveugle à *ce qui a été dit ou vécu par quelqu'un d'autre que soi et qui n'a pas à être vérifié par soi pour être vrai.*

## Croyance et foi

La théologie (un savoir qui défend et explique la doctrine de l'Église) fonde sa connaissance sur une révélation venue d'En-Haut et soutient que le fait de croire à ce contenu (en plus de pratiquer les rites sacrés) change l'être en profondeur pour en faire une personne de *foi*, un fils de Dieu. Mais en réalité, ce qui en résulte c'est une personne de *croyance* et non de foi. Trop souvent hélas, ce n'est pas l'expérience vécue personnellement de la mort à son ego et de la renaissance en Christ qui fait parler le théologien.

Leurs déclarations qui sont devenues dogmes sont basées sur des on-dit et ne peuvent en aucune façon transformer un être en profondeur. Ce qui transforme, nous enseigne la tradition spirituelle, c'est un vécu qui renverse et secoue, c'est le passage d'un non radical à un oui total, d'un refus à une acceptation, de la peur à la compassion. Le théologien déclarera par exemple que le désespoir est un sacrilège, un affront à Dieu, donc un péché grave, ce qui montre déjà qu'il ne l'a pas vécu. Car s'il avait connu le désespoir et le doute radical, il saurait que c'est la porte d'entrée dans la foi, c'est-à-dire dans la connaissance libératrice qui transcende peur, désespoir et culpabilité. C'est qu'alors l'assise a cédé, le faux solage a fait place à un palier plus profond et plus solide. Il fallait être secoué jusqu'au fond pour devenir inébranlable, pour être une personne de foi. Job, homme de foi, a été vidé de tout ce qu'il était, comme Jésus sur la croix a perdu son Dieu, en perdant son ego («Mon Dieu, Mon Dieu, pourquoi m'as-tu abandonné?»). C'est cela que le chrétien est appelé à vivre et personne ne peut l'avoir fait à sa place. Personne ne peut *être sauvé*. Cela se fait par chacun et Jésus nous a montré comment.

## La religion qui sème la division

Comme la religion-pouvoir sépare la personne de son fondement, en maintenant vive la coupure vis-à-vis d'une divinité conçue comme complètement extérieure à soi, ainsi chaque religion sépare-t-elle ses fidèles de tous les gens de l'extérieur. Oh, elle peut bien affirmer qu'elle unit tous ses fidèles dans son sein, qu'elle crée l'union entre eux, mais cela se fait en les séparant des autres et en considérant ceux-ci comme des rivaux, des gens à convertir ou à ignorer. Elle unit mais c'est pour diviser, pour renforcer la division. En fait, toute religion comme telle est un agent de division. Un bon exemple est fourni par la United Church. *Cette Église est Unie justement parce qu'elle s'est séparée de toutes les autres!*

## La spiritualité n'est pas la morale

La religion-pouvoir étant fondamentalement un système moral, ses membres seront portés à séparer tous leurs actes (et ceux d'autrui) en bien et en mal, se jugeant coupables d'être toujours en deça de la perfection exigée par la Révélation et facilement obsédés par la moralité des autres. Aussi la culpabilité est-elle attachée à un tel programme d'escalade impossible à effectuer, et faut-il le dire, indésirable. (Est-il en effet quelque chose de moins humain qu'un être qui professe la perfection?)

Mais lorsque la personne, même au sein d'une religion, a reconnu et accueilli les ténèbres qui en elle cachaient la Source et qu'elle s'est abandonnée à cette force, cet abandon la mènera où elle ne voudra pas aller et où son groupe religieux ne voudra sûrement pas qu'elle aille! Mais par son courage elle aura découvert sa voie et si elle s'y livre totalement, l'Esprit s'emparera d'elle de plus en plus. Elle cessera d'être en guerre avec elle-même, dépassant le monde de la morale et des revendications, intégrant l'espace du pardon et de la reconnaissance. En revanche, aussi longtemps qu'on ne veut pas se laisser conduire par la voie intérieure, on est soumis aux opinions, aux croyances et aux pouvoirs des autres.

## Le non-croyant peut être spirituel

Il n'est pas nécessaire de croire en un Dieu ou de vouer un culte à aucune entité supérieure pour connaître l'Esprit ou vivre en lui. En réalité, plus le chercheur avance sur la voie, plus il se détache de toute figure parentale, de tout guide extérieur. C'est sans doute parce que l'expérience spirituelle n'a pas besoin de groupe religieux pour être vécue, que les gardiens des religions ont habituellement tenu en laisse les mystiques, qui leur apparaissaient comme des marginaux et des têtes fortes ou même des influences dangereuses (comme dans le cas de Maître Eckhart). En effet, comment soumettre des gens qui suivent déjà l'Esprit?

## La prière et la méditation

La prière et la méditation représentent assez fidèlement le rapport entre religion et spiritualité. La prière et les rites sont le moyen de contacter Dieu dans la religion (puisqu'on y croit à un Dieu). Prier, c'est proprement *parler* à son Dieu. En revanche, la méditation est le propre du mystique qui se tient *à l'écoute de* la Source de l'être sans rien lui demander, mais devant laquelle il se place en état d'ouverture, de réceptivité, de silence complet. Quand il atteint l'union, il entre en état de contemplation — c'est-à-dire de non-dualité.

La méditation crée une relation entre une personne qui devient de moins en moins quelqu'un et l'Être en elle qui devient de plus en plus impersonnel, jusqu'à disparaître au moment où disparaît le méditant comme ego.

Jésus qui, rappelons-le, était un maître et non un fondateur de religion — ceci, c'est ce que la religion en a fait —, encourageait les gens à écouter et à veiller sur eux-mêmes, c'est-à-dire à être vigilant. C'est l'attitude du méditant, durant l'exercice de la méditation comme pendant l'activité de toute la journée. C'est ce qu'Arnaud Desjardins appelle lui aussi la vigilance, Roumanoff la lucidité, et le maître zen Albert Low, «être présent à» soi.

La méditation peut donc être pratiquée par ceux qui ne croient à aucune divinité, comme dans le bouddhisme (vipassana et zen), le taoïsme, le vedanta adualiste. Ces maîtres spirituels prennent au sérieux la nature inconnaissable de l'Esprit. Aussi se gardent-ils bien de le nommer.

Mais la méditation ne peut être séparée de la vie: «Sans avoir tout d'abord posé le fondement d'une vie droite, dit J. Krishnamurti, la méditation devient une fuite et perd sa valeur. Une vie droite, ce n'est pas suivre la moralité de la société, mais être libre d'envie, de cupidité et de la course au pouvoir... Être libre de ces choses ne vient pas par l'activité de la volonté, mais par la présence à celles-ci à travers la connaissance de soi. (...) Lorsque vous vous renseignez à votre sujet, que vous vous regardez, que vous regardez votre façon de marcher, de manger, que vous êtes attentif à ce que vous dites, au commérage, à la haine, à la jalousie — si vous êtes présent à tout cela en vous, sans choisir, cela fait partie de la méditation.

«Ainsi la méditation peut-elle se produire même quand vous êtes assis dans un bus ou que vous marchez dans les bois pleins de lumière et d'ombre, ou que vous écoutez le chant des oiseaux ou regardez le visage de votre enfant. (...) La méditation est le mouvement de l'amour. Ce n'est pas l'amour d'une personne ou de la multitude. C'est comme l'eau inépuisable que n'importe qui peut boire de n'importe quel bocal. Il se passe quelque chose que ni la drogue ni l'auto-hypnose ne peuvent produire: c'est comme si le mental entrait en lui-même, depuis la surface jusqu'au fond et que la hauteur et la profondeur perdaient leur sens et que cessait toute mensuration. En cet état il y a une paix complète, qui n'est pas du tout le contentement venu de la gratification... Cette méditation ne peut être apprise d'un autre. Vous devez commencer sans en connaître quoi que ce soit et avancer d'une innocence à l'autre. (...) La méditation n'est pas la poursuite de quelque vision, si sanctifiée soit-elle par la tradition. C'est plutôt l'espace sans fin où ne peut pénétrer la pensée. Un esprit qui cherche des expériences de n'importe quelle sorte n'est pas un esprit mûr. L'expérience ne fait que renforcer le connu. Or, le connu n'est jamais la chose essentielle.» (Tiré de J. Krishnamurti, *Meditations*, Shambhala Pocket Classics, 1991.)

Cet essentiel, Jacob Needleman l'appelle «ce quelque chose d'indéfinissable (ou d'inconnaissable), qui entre dans tout, ou qui est en chaque chose». Alors que la science se donne pour rôle de rendre connu ce qui est inconnu et qu'elle croit que tout finalement deviendra par elle connu, la méditation se place au cœur de l'inconnaissable. En chaque chose, suggère Needleman, il y a de l'inconnaissable. Et cette présence inconnaissable c'est la Présence qui se connaît. La science — ou toute exploration intellectuelle — connaît des objets, car tout connu est perçu comme en dehors de soi, il est toujours «objectif». Mais il y a en chaque être quelque chose qui échappe à toute prise, qui transcende le connu et c'est cela que la science officielle ne pourra jamais admettre. C'est ce qui justement échappe à l'intellect. Jamais on ne pourra saisir l'inconnaissable dans la nature, comme le suggérait plus haut l'éminent astrophysicien Thuan. On ne pourra saisir que l'enveloppe, qui se soumet à l'analyse et devient connaissable dans ses comportements et ses composantes. Mais l'inconnaissable lui, n'est jamais un objet. Il se connaît lui-même mais rien ne peut le connaître. Ce n'est que lorsque l'ego disparaît — le mental qui veut prendre, définir et objectiver — qu'il reste l'Inconnaissable-qui-se-connaît. Le connaissant, le connu, la connaissance sont alors devenus une seule chose indéchirable et complète.

«Méditer, dit enfin Jean Bouchart d'Orval, c'est maintenir son attention de façon continue sur cela qui, en nous, connaît; c'est veiller sur cela qui est éveillé, alerte.» (*La Maturité de la joie*, Libre Expression, 1992.)

## L'expérience spirituelle est-elle secrète?

«Malgré qu'elle soit en grande partie inexprimable, l'expérience mystique peut être communiquée, si l'on s'adonne par exemple à une pratique sous la direction d'un maître, tout comme le judo peut être appris mais non dit.» (Ken Wilber.)

«... La raison pour laquelle la religion ésotérique ou mystique est cachée, c'est qu'elle est une expérience directe, fermée au mental qui ne veut pas passer par l'expérience pour connaître. La religion ésotérique demande de ne rien croire ou d'accepter aveuglément, elle est plutôt un ensemble d'expérimentations conduites de façon scientifique dans le labo de notre propre conscience. Après quelque six mille ans de ces expériences, nous sommes maintenant pleinement justifiés de formuler certaines conclusions qui constituent le noyau même de la tradition de sagesse.» (Wilber, *Grace and Grit.*)

Voilà du reste pourquoi, comme je l'ai dit plus haut, la tradition spirituelle est plus près de la science véritable que de la religion-pouvoir. Elle est fondée sur l'expérience personnelle de milliers d'individus, expérience qui, à la suite de vérifications répétées à travers temps et espace, a finalement créé un consensus, un corps d'expériences, vérifiées et contre-vérifiées, une tradition sûre que chacun s'il le veut, peut reprendre à son compte.

## La spiritualité n'est pas la psychologie

La psychologie classique dans la tradition de Freud a pour but de rendre une personne normale, c'est-à-dire adaptée à son entourage, pleinement fonctionnelle et non plus paralysée par ses obsessions émotives. Elle vise à affirmer ce qui dans la tradition de sagesse s'appelle l'ego: la capacité de devenir un adulte responsable, de ne dépendre de personne, de savoir se défendre et de réaliser ses désirs. C'est cet idéal qui est visé à travers tous les nettoyages et défoulements pratiqués par diverses techniques et analyses. Cette psychologie ne reconnaît rien qui transcende la connaissance scientifique ou intellectuelle. Elle utilise surtout l'analyse rationnelle pour débarrasser des complexes et des névroses. Cependant, depuis Jung, Maslow, Rogers, Assagioli, Perls et Ken Wilber (porte-parole de la psychologie transpersonnelle), on conçoit la psychologie comme tout ce qui embrasse l'âme, de ses profondeurs à ses sommets. C'est ainsi que l'on est revenu au point de départ, c'est-à-dire à la première fonction de la psycho-logie, à cette *connaissance* ou *étude de l'âme* (au sens étymologique) dont parlait Platon, qui en traitant l'âme dans ses rapports avec le Divin ne se perdait pas dans les méandres des maladies émotives. Aussi, peut-on dire que la psychologie transpersonnelle est parmi toutes les connaissances modernes, la seule qui se rapproche de l'expérience spirituelle et qui peut aider véritablement les humains à retrouver un sens et une direction. Mais, est-il besoin de le souligner, cette nouvelle psychologie n'est pas celle que la majorité des psychologues utilise ou enseigne.

Malgré tout, la psychologie classique demeure utile à la spiritualité. En effet, la spiritualité peut avoir besoin de la psychologie traditionnelle pour libérer une personne de son passé encombrant et pour la rendre capable de vivre avec ses émotions. Mais ce sont là des étapes préliminaires qu'il ne faut pas confondre avec ce qui est proprement spirituel. Selon Jacob Needleman, le philosophe éclairé: «La psychothérapie concerne l'homme animal — l'être incarné — alors que la vie spirituelle s'occupe de le transcender. Un problème psychologique a besoin d'être réglé, puisque c'est un désordre, alors qu'une question spirituelle n'a pas à être «réglée» ou «résolue», puisqu'elle n'est pas un signe de maladie mais plutôt de santé. La croissance spirituelle implique la transformation, poursuit Needleman. C'est une chose d'avoir une auto et de vouloir l'améliorer, mais c'en est une tout autre de vouloir en faire un avion. La spiritualité transforme l'auto en avion alors que la psychothérapie aide à bien faire fonctionner l'auto et à en améliorer le rendement.» (*Timeless Visions*)

Dans l'univers psychologique, on tente toujours de rendre le produit meilleur, de rectifier, de corriger, alors qu'en spiritualité «on n'intervient pas puisqu'il n'y a rien à atteindre, dit Jean Klein. Ce que vous êtes fondamentalement n'est rien que vous puissiez obtenir. Et être vousmême n'a rien à voir avec une accumulation de connaissances... Au contraire, il s'agit d'être libéré de l'image que l'on croit être. C'est tout un éclatement que de voir soudain que l'on n'est rien et de vivre complètement en accord avec cette découverte.»

L'expérience spirituelle est une perte d'illusion, un dépouillement, un décapage, un abandon de ses écrans, plutôt qu'une acquisition de quelque chose. Ce goût d'acquérir ou d'atteindre, on se le rappellera, est un trait typique de l'ego. Cela fait partie de sa volonté de contrôler, de ce que la tradition chrétienne appelait la «volonté propre».

Daniel Roumanoff, qui fut disciple de Swami Prajnanpad avec Arnaud Desjardins, a comme celui-ci du mal à concevoir une vie spirituelle sans une libération préalable, au moins partielle, des émotions. «Car la spiritualité n'est pas une chose dont on parle, une argumentation, dit-il, pas plus que l'observance d'un certain nombre de pratiques; c'est quelque chose que l'on ressent à chaque instant. (...) La pratique spirituelle telle que je la comprends consiste à être dans un état de lucidité (qu'Arnaud appelle vigilance) par rapport à ce que l'on ressent à chaque instant et à voir les émotions que l'on éprouve. Suis-je ou non en paix? Si je suis en paix, il y a unité. Dès que l'on quitte la paix, on se trouve projeté dans la dualité, laquelle s'accompagne généralement d'une émotion de malaise et de conflit. Le travail spirituel est un travail sur ce malaise.» («Swami Prajnanpad, maître et thérapeute», *in Terre du Ciel*, n° 10.)

De même, Arnaud Desjardins insiste-t-il sur la nécessité d'être normal (une personne adulte) avant de vouloir être supranormal (une personne transformée). Le travail proprement spirituel commence avec la libération vis-à-vis des émotions qui déforment *inconsciemment* notre vision de la réalité et nous empêchent de l'accepter telle qu'elle est. C'est-à-dire la libération de l'ego. Arriver à voir les choses telles qu'elles sont n'est possible que si l'on devient conscient de son verre déformant particulier. En pratiquant la vigilance, on se sent de moins en moins identifié aux déformations. On finit par tout ressentir sans refus, sans regret et sans désir.

Il faut avoir quitté le monde des identifications infantiles — ce que Wilber appelle le prépersonnel — pour commencer à devenir une personne autonome et adaptée (c'est le rôle de la psychologie traditionnelle). Mais pour atteindre ce qui dépasse l'individu et guérir de sa division intérieure, il faut une transformation que ni le thérapeute ni la technique ne sauraient effectuer. Car la transformation consiste à passer d'un monde de peur, d'égoïsme, de besoin de possession et de contrôle, à un état où l'on ne contrôle plus, mais où l'on accepte spontanément de servir ce qui est plus grand que son petit moi — «l'inconnaissable à l'intérieur de toute chose» (Needleman).

## La spiritualité n'est pas un pouvoir psychique

Tout récemment, le public montréalais pouvait assister à une conférence qui avait pour titre «L'Être, comme source de pouvoirs». Ce genre de langage jette de la confusion dans les esprits. S'il est vrai que l'Être est la source de tout pouvoir, c'est tout autre chose de se servir d'une connaissance spirituelle pour exercer quelque pouvoir que ce soit. La spiritualité n'est pas une exploration de l'astral, par le voyage hors-corps, le contact avec les défunts (spiritisme) ou par l'accueil de messages d'entités perçues comme guides autorisés ou porte-parole de l'Absolu (*channeling*).

Les pouvoirs psychiques existent. Ce sont des énergies subtiles qu'émettent les corps invisibles — l'émotion et la pensée (imagination propulsée par la volonté). Mais ils sont, comme tout le reste en nous, au service de l'Esprit. Ces pouvoirs s'exercent sur les corps moins subtils (corps physiques d'individus ou objets qui entrent en résonance). Ils peuvent affecter les cibles positivement ou négativement, selon l'absence ou la présence de l'émotion.

Or, le monde de l'ego est justement le domaine du pouvoir et du contrôle, par lequel on cherche toujours à renforcer, solidifier, faire durer ses prétentions. Un pouvoir est un pouvoir, et l'ego ne fait aucune distinction pourvu que cela serve sa cause. Ainsi, tous les pouvoirs, aussi subtils qu'ils soient, flattent-ils l'ego et sont par lui récupérés, aussi longtemps qu'il n'a pas été transcendé, c'est-à-dire que sa prétention d'être fort et d'être la source de cette force n'a pas cédé à la conviction d'être faible et que c'est le transcendant qui est source de tout, qui est son être véritable, ce qui en lui *est*.

«L'homme absorbé par le domaine psychique, dit Jacob Needleman, est pris dans le monde de l'émotion égoïste, alors que le plan spirituel transcende ce monde-là, il requiert le sacrifice de toute attache, de tout résultat, de tout pouvoir. Il est fondé sur le sacrifice, sur la mort de l'ego. L'homme spirituel peut devenir un magicien puissant, mais à travers ces pouvoirs il ne reconnaît que l'action divine et la nullité de son être propre. (...) S'il manque la foi ou l'amour, la magie entraînera l'homme sous la domination d'êtres désincarnés qui circulent autour de la terre et qui se nourrissent des énergies émotives de l'organisme humain.»

On peut ainsi pratiquer voyage astral, médiumnité, *channeling*, clairvoyance, télékinésie, prédiction, guérison, magie, contact avec des extra-terrestres, sans que rien n'ait été profondément transformé en soi. Mais si l'on a connu la transformation, il se peut alors que certains de ces pouvoirs se manifestent spontanément. On en fera toutefois peu de cas. Ces dons d'énergie seront du reste plus efficaces dans la mesure où la contraction de l'ego aura cessé de tenir captif le courant d'énergie créatrice qui nous traverse.

## La nécessité de la discipline

Nous l'avons vu, la tradition spirituelle ou la voie de libération n'a rien à voir avec le pouvoir. Elle requiert tout de même une discipline, un entraînement long et difficile, exigeant la consécration la plus totale. Pour entrer dans la voie, il faut remplir certaines conditions préalables: devenir adulte sur le plan émotif (ne dépendre de personne), acquérir son autonomie, c'est-à-dire pouvoir se tenir debout pour défendre ses droits et être capable d'assumer les responsabilités de sa vie. Il faut également cesser de nuire aux autres, accomplir sa tâche le mieux possible, et respecter toute forme de vie.

Ces conditions une fois remplies, il faut, pour s'engager sérieusement dans la voie, une confiance totale dans la Source, de l'endurance et de la ténacité, une volonté de s'incarner complètement, au niveau du sexe, de l'émotion et du mental. Cela veut dire qu'il faut vivre à fond ses désirs et affronter ses peurs. Enfin, il est bon de reprendre avec courage les actes quotidiens du travail sur soi — la méditation, l'observation de ses blocages émotifs, et la présence à soi. La voie est une discipline de longue haleine et il n'y a ni raccourci ni favoritisme. Ce n'est facile pour personne de confronter son ego.

## La nécessité de la souffrance

«Dans la mesure où nous sommes tout à fait contents, bien installés dans notre pouvoir, notre savoir et notre avoir, nous n'avons pas besoin de la Transcendance et celle-ci n'a pas de chance d'entrer dans le champ de notre expérience. Mais c'est là où l'homme se trouve dans une situation qui est devenue non vivable, là où tout s'écroule, que l'homme a la chance d'une expérience de l'Être. Dans cette situation où il n'a d'autre chance que celle de lâcher prise. Dans ce moment où il ne peut qu'abandonner ce drôle de petit moi qui toujours croit devoir se maintenir et rester en sécurité.» (Graf Dürckheim, *in Question de*, n° 81.)

De son côté, la contemplative Bernadette Roberts affirme que: «Éviter la souffrance et désirer que tout suive notre volonté est une attitude qui va à l'encontre de la voie; c'est une vue complètement erronée. *Savoir bien souffrir est l'essence de la libération.*» (*The Path to No-Self*, Shambhala.) Cette femme vit présentement aux États-Unis et si elle ne tient pas un langage à la mode, c'est qu'elle n'est pas branchée sur celle-ci mais sur la sagesse la plus traditionnelle. C'est à partir de là qu'elle s'adresse aux gens d'aujourd'hui.

Une personne mûre se méfiera tout naturellement des voies de facilité qui évitent de mentionner la souffrance et les expériences pénibles, escamotant le côté sombre et refoulé en nous, pour ne retenir que la lumière et les certitudes claires. Dans ses exigences et ses conditions fondamentales, la nature humaine n'a guère changé au cours des siècles. Or, *la tradition spirituelle s'adresse justement à ce qui, en nous, ne change pas.* Se fier aux modes ou à des voies de facilité qui flattent l'ego en le maternant fait partie des illusions qu'il faudra apprendre à reconnaître. On peut toujours croire que l'on innove dans le domaine spirituel, que les découvertes ou les connaissances récentes ont dépassé ce qui était connu et qu'il faut désormais se tourner tout d'abord vers ce qui a été nouvellement révélé, surtout si cela vient d'«En-Haut».

## Un nouveau renouveau?

Mais on ne peut innover en matière spirituelle, puisque l'expérience de l'Esprit c'est d'être libre de tout ce qui en nous veut faire durer les plaisirs et cesser les déplaisirs. La liberté de l'Esprit s'exerce tout d'abord vis-à-vis des possessions physiques et du besoin de contrôler la vie, la sienne autant que celle des autres. On ne peut changer la façon de devenir libre, pas plus que l'on peut changer la méthode scientifique. Il s'agit d'expérimenter par soi-même et de persévérer dans cette expérimentation jusqu'à ce que l'on ait trouvé.

Et ce que l'on trouve n'est pas nouveau au sens où personne ne l'aurait encore vécu. On ne découvre pas l'Amérique qui existait avant les Indiens. Ce que l'on vit a été vécu par tous les chercheurs et les sages qui nous ont précédés, chacun à son rythme, à sa façon, selon sa coloration particulière et dans le concret d'une vie incarnée pleinement assumée.

Mais l'essence de la découverte est la même et elle n'a pas à être nouvelle puisqu'elle libère justement des dépendances de la mode et des choses éphémères. *L'obsession pour ce qui est nouveau est signe que l'on man-*

*que de racine, que l'on vit au niveau des feuilles; c'est une incapacité à rejoindre la Source.* On est obsédé par ce qui passe, on craint de laisser couler ce qui s'en va. On a peur de trouver en perdant, d'être libre. On voudrait une libération qui ne ferait pas mal à notre habitude de fermeture. Mais nous ne pouvons faire le voyage sans perdre nos illusions sur nous-mêmes. La souffrance est inévitable, non qu'elle soit en elle-même désirable, mais parce qu'elle existe aussi longtemps qu'existe l'ego. Elle vient avec l'ego. Je m'inscris donc en faux contre ces auteurs et ces propagateurs qui enseignent aujourd'hui une «nouvelle spiritualité» libérée de la souffrance. Oui, si on l'entend comme le Bouddha que le *but* de la voie enseignée est de libérer de la souffrance. Mais il le dit bien clairement: il faut commencer par reconnaître que celle-ci existe pour pouvoir s'en libérer. «Personne ne monte au ciel sinon celui qui est descendu», disait Jésus. Trop de ces prédicateurs du Nouvel Âge se leurrent et créent de la confusion chez leurs «adeptes». Ils ne rendent service à personne. Il y en a même qui enseignent que souffrance, mort et maladie sont des illusions; qu'elles n'existent pas vraiment. Oui, dans l'état final de réalisation, mais à l'instant où l'on se parle, ces choses-là existent et existeront aussi longtemps que l'ego existera sur terre. (Je me suis même aperçu que depuis que certains de ces «prédicateurs» enseignent, leurs cheveux ont beaucoup grisonné!)

Chercher absolument du nouveau, c'est n'avoir pas vu, n'avoir pas senti, c'est vivre comme ces corps intubés qui ont perdu tout contact direct. Ce qui est véritablement neuf, c'est l'instant, pas l'instantané.

Le miracle c'est ce qui se passe et qui ne passe qu'une fois. S'il faut un effet étonnant, différent — l'«étonne-moi» de Cocteau —, c'est que l'être insensible a besoin d'autre chose que ce qui est, toujours autre chose pour se sentir vivre. Il dit non à ce qui est, qu'il a rendu insensible par des verres déformants. Il faut tout d'abord avoir le courage de reconnaître que l'on porte des verres, et ensuite, avoir le courage de les enlever.

L'époque où nous vivons n'est pas un âge nouveau puisque c'est l'ego qui, comme toujours, domine sur la terre. Par ailleurs, je ne dis pas que ce qui a été exploré depuis les années 60 soit à rejeter. *Ces expériences psychiques et spirituelles ont justement montré que le courant avait été perdu et qu'il fallait redécouvrir ce qui avait existé depuis la haute antiquité.*

## Le véritable nouveau

Ce qui est vraiment nouveau, c'est de renouer avec ce qui est intemporel et durable, avec ce qui transcende espace et temps, coutumes et croyances. C'est de retrouver ses racines. Car, faut-il le dire clairement, ce qui est valable dans les expériences des dernières années, c'est ce qui appartient au spirituel et qui rejoint la grande tradition. Les temps actuels nous ont fait prendre conscience de l'importance donnée à l'intuition et au non-rationnel, de la dimension féminine de l'être, de la méditation et de la conscience, de la distinction entre religion et vie spirituelle, des techniques d'éveil orientales (yoga, tai chi, aikido, reiki) et, enfin, des psychologies nouvelles, des médecines douces, du retour à la terre. Comment en effet ne pas être reconnaissant de tout ce que l'Extrême-Orient nous a légué?

Ayant vécu dans la familiarité de ces savoirs, je reconnais aujourd'hui qu'entre de bonnes mains, des instruments tels que l'astrologie, le tarot, la numérologie, la médiumnité sont utiles à la connaissance de soi. Mais j'ai également compris qu'aucun de ces savoirs n'a la capacité de libérer l'être et de le faire basculer dans le monde de l'Esprit. Ils ne peuvent que préparer le sujet et le rendre plus conscient de ses attaches et préjugés. «Ce que vous êtes vraiment n'est jamais atteint par la technique», déclare finalement Jean Klein (*Timeless Visions*).

## Surabondance de moyens

Mais justement, nous les Occidentaux nageons dans une pléthore de moyens, au point d'avoir oublié la direction du courant, la simplicité, la nudité de l'Esprit. On «flirte» avec le spirituel et ses «retombées». La majorité (80 % selon Wilber et Irwin Thompson) ne se mouille pas, bien sûr, mais consomme des échantillons de spiritualité, un peu comme c'est aujourd'hui la mode de ne pas trop s'engager en amour. On refuse de descendre aux racines. C'est pourquoi justement, on n'a plus de fondement, puisque pour en avoir il faut aller jusqu'au bout de soi-même.

À leur tour, les techniques de plongée en profondeur, telles que la psychanalyse et la psychothérapie, le rebirth, le cri primal, la régression dans les vies antérieures, la sortie du corps, pourront être utiles à *certaines* personnes dans des circonstances *particulières* (ce n'est pas parce qu'une chose existe qu'il faut l'adopter), mais elles non plus ne transformeront pas l'être et ne remplaceront pas l'abandon à plus grand que soi.

## *Channeling* et tradition spirituelle

C'est en cela que les maîtres de la tradition spirituelle se distinguent des messagers du *channeling*, qui forment aujourd'hui une nouvelle religion (que l'on voudrait faire passer pour spirituelle mais qui n'est qu'astrale ou psychique). Les maîtres de la grande lignée refusent l'obéissance plate et inintelligente, ils provoquent la critique, ils poussent le disciple à remettre tout en question, autant en lui-même que chez le maître et à trouver par lui-même ses propres vérités en mettant à l'essai ce qu'a dit le maître. Pas de dogmes, pas de Révélation d'En-Haut. *Il s'agit de trouver par soi-même et pour soi-même* en se servant du maître comme repoussoir-éclaireur. La vérité du message transmis tient à sa possibilité d'être vérifiée et donc contredite. Seul ce qui a été vécu, éprouvé, est à retenir, cela pour le maître autant que pour le disciple. Car le maître n'est pas un dépôt de paroles, il est celui qui libère le disciple de son ego, et s'il n'est pas lui-même libéré, le maître est un moulin à paroles. Le maître libère le disciple de toute religion, de toute croyance soumise et non critiquée. Il fait voir au disciple que personne d'autre que le disciple ne peut le sauver à sa place. Le désir d'être sauvé par un papa merveilleux à l'extérieur de soi est l'un des mythes infantiles les plus persistants. C'est de cela en particulier que le vrai maître délivre le disciple.

Le maître spirituel est là pour déjouer et défaire l'ego, pour faire passer de la force contrôlante à la faiblesse de l'abandon. On ne verrait pas l'une des «entités» du *channeling* donner à ses fidèles la réplique que Dürckheim servit un jour à son disciple Jacques Castermane, qui se plaignait des efforts demandés par la méditation: «Ne te plains pas: ce qui ne te tue pas te rend plus fort.» On évitera au contraire le sujet de la souffrance, de la faiblesse, de l'impuissance, de l'orgueil, des bas-fonds de l'ego, de l'ombre qui se cache dans l'inconscient nocturne. Or, dans le domaine spirituel, on ne peut enseigner ce que l'on n'a pas soi-même vécu. «N'est vrai que ce que l'on a soi-même vérifié», nous répète la grande tradition. C'est du reste cette consigne qui m'a toujours convaincu dans la voie spirituelle. Je suis moi-même «entré en religion» pour ensuite quitter celle-ci et «entrer en spiritualité». J'ai fait la même chose avec le «Nouvel Âge»: j'y suis entré et j'en suis sorti. Comment peut-on autrement connaître quelque chose, sinon en la traversant? J'ai suivi le principe que l'on ne comprend que ce que l'on a vécu, que l'on ne comprend la phrase qu'une fois lue, pas au début ni au milieu mais à la fin. Que ceux qui pensent pouvoir connaître quelque chose sans le traverser et le dépasser suivent leur voie. Quant à moi, je peux mesurer tout l'avantage que m'a procuré le fait d'avoir vécu la religion ainsi que le Nouvel Âge pour ensuite voir clairement que ni l'une ni l'autre n'a su me donner la réponse complète que je cherchais. L'avantage, c'est que maintenant j'ai appris.

Il n'est pas de recette miracle et il n'est pas d'exception pour ceux qui vivent présentement, pas plus qu'il n'y en avait pour ceux du passé qui ont fait la grande traversée. La Voie fait passer du ruisseau de l'ego à la mer du Soi et si les trajets sont tous différents, le courant va dans le même sens et aucune étape ne peut être éliminée jusqu'à ce que tout soit vécu, vidé, élargi, emporté.

Tel est le message de la grande tradition. Vivons à fond toute notre vie, car la voie se trouve sous nos pas. Rien de ce que nous vivons n'est à rejeter et toute expérience peut nous servir à croître. Ce n'est qu'une fois reconnue la vérité radicale de notre être — notre racine originelle — que toute notre vie de surface — nos feuilles — pourra prendre sa valeur universelle et sa pleine dimension.

CHAPITRE 2

# Guérir à la racine

Devant la montée des grandes maladies et la peur de mourir qui s'ensuit, plus que jamais la santé physique est devenue une préoccupation première. Certains croient qu'être en santé est une précondition essentielle à toute vie spirituelle, ou encore, que le jour où la maladie aura disparu, une nouvelle race sera née. En revanche, il y a le fait irrécusable que des saints contemporains meurent de maladie et d'un autre côté, il y a les champions du physique qui, en plus de mourir jeunes, n'atteignent habituellement qu'une conscience narcissique, à mille lieux du spirituel.

Mais que dit de tout cela la tradition spirituelle? Non pas *mens sana in corpore sano* (mental en santé dans un corps en santé), car c'est là le slogan d'une civilisation purement hédoniste qui répudiait les malades et les handicapés comme rebuts inavouables de la société. La tradition spirituelle parle plutôt de guérir à la racine, et ne s'occupe du corps que comme d'un instrument au service de l'être: il s'agit d'en prendre soin, de bien le nourrir, sans plus. Le rapport entre les deux tendances de base apparaît clairement dans les deux mots que la langue américaine utilise pour parler de santé: *healing* et *curing*.

*Healing* s'applique à l'esprit, à la guérison de l'être ou de l'âme, à l'éclosion du Cœur. C'est ce que la grande tradition a appelé la transformation. *Healing* rappelle les mots *whole* et *wholeness* — l'intégrité, la rentrée dans sa plénitude. Guérir au sens de *healing*, c'est donc vivre dans une conscience élargie, libre, aimante, ouverte à tout, une «conscience non locale» comme le dit le D$^r$ Larry Dossey dans *Recovering the Soul*.

En revanche, *curing* est local, physique. C'est le domaine que s'approprie une médecine matérialiste, qui regarde la maladie plutôt que le malade, et qui déclare la guerre aux maux qu'elle veut à tout prix enrayer. Pour cette médecine, *healing* n'existe guère. Et si la médecine classique n'est pas tout d'abord sensible à la guérison spirituelle des malades, c'est parce que les médecins eux-mêmes n'ont pas cherché à se transformer. Il y a toutefois une nouvelle conscience qui se fait jour chez certains médecins, en particulier Richard Gerber, Bernie Siegel, Paul Simonton, Larry Dossey, Brugh Joy, Richard Moss, Elizabeth Kübler-Ross (psychiatre), John Harrison. Ici je me référerai plus particulièrement aux travaux du D$^r$ Siegel, de Norman Cousins, du D$^r$ Dossey, de Maguy Lebrun et du psychologue transpersonnel Ken Wilber, qui ont chacun publié plusieurs livres.

## Guérir l'être avant le corps

Nous pouvons commencer par affirmer que la guérison de l'être (*healing*), qui est la guérison principale, peut également susciter une guérison du corps (*curing*). «La vraie guérison implique plus que le corps», note cependant Stephen Levine, qui travaille avec Ram Dass depuis 15 ans auprès des cancéreux et des mourants. «Le changement requis est spirituel, plutôt que physique», reprend à son tour John Seed, écologiste spirituel. «Nous

nous apercevions pendant le cancer de Treya mon épouse, que la guérison physique, bien qu'elle soit désirable, est souvent la moins importante et qu'elle n'indique guère la vraie santé — celle de l'être», écrit Ken Wilber dans *Grace and Grit*, le récit de cette longue maladie qui est à la fois le temps d'un amour incroyable. Ce même récit vaut la peine à lui seul, ne serait-ce que pour comprendre un peu mieux les rapports entre un couple en ascension et le progrès irrépressible d'un cancer virulent. «À moins de guérir la psyché et l'esprit autant que le corps, conclut la cancérologue Joan Borysenko, nous ne pouvons jamais être pleinement guéris.» (*Timeless Visions*)

«La guérison, reprend Levine, peut être ou ne pas être reflétée dans le corps physique. Dans les guérisons les plus remarquables, on a vu des cœurs durs comme de la pierre s'ouvrir comme une fleur durant le processus du décès. Mais j'ai aussi vu des gens qui avaient guéri leur corps et qui n'avaient jamais atteint ce niveau de guérison de l'être, qui guérissent leur corps et qui continuent de tromper leur épouse, de brutaliser leurs enfants et de haïr... Beaucoup de ce qui est appelé guérison est en fait le contraire de la guérison pour laquelle nous sommes nés. Ce que l'on appelle habituellement guérison consiste à guérir son corps en laissant des choses inachevées. Ces gens guérissent physiquement mais leur monde se rapetisse et leur *cœur* reste insatisfait et déconnecté.» (*In Timeless Visions, Healing Voices*, de Stephen Bodian)

Il est certain que la guérison de l'être peut entraîner une guérison du corps. Mais ce n'est pas la guérison du corps qui peut à elle seule provoquer une guérison spirituelle. Voilà pourquoi, c'est celle-ci qu'il faudra tout d'abord assurer. Guérir la racine plutôt que les feuilles. Ce qui n'empêche pas bien sûr qu'il y ait des liens continuels entre les deux niveaux. Selon les D$^r$ Solomon, Pert, Temophok et Levy, il est désormais certain que comme le pessimisme, la dépression, la peur et le manque d'amour affaiblissent le système immunitaire dans le cas des grandes maladies (sida, infarctus, cancer), il est également assuré que les attitudes positives affectent le corps de façon à promouvoir la santé et la guérison. L'humour et l'amour (qui appartiennent à l'être guéri) augmentent l'immunité, selon Seigel et Norman Cousins. Mais c'est surtout la prière qui affecte la santé physique. Pour que la prière en ce domaine soit vraiment efficace, elle doit être faite sans ego, sans volonté personnelle, c'est-à-dire dans un état d'âme en santé.

## La guérison par la prière

En effet, on sait qu'un grand nombre de malades ont été guéris à Lourdes. Le cardiologue Randolph Byrd et son équipe ont démontré du reste, de façon scientifique, que la prière fonctionne, qu'elle peut désormais faire partie de l'arsenal médical. Au cours d'une étude portant sur des cardiaques, ceux qui avaient été la cible du groupe de prière avaient besoin de cinq fois moins d'antibiotiques, ils avaient développé trois fois moins d'œdème pulmonaire, aucun d'entre eux n'avait besoin d'intubation endotrachéenne et ils mouraient en moins grand nombre. Parallèlement, la recherche scientifique menée par le groupe Spindrift dans l'Ouest américain a démontré les pouvoirs guérisseurs de la prière. Après 10 ans de travail, ce groupe présente les conclusions suivantes:

- la profondeur de la guérison est proportionnelle à la durée de la prière;

- l'efficacité de la prière exige que l'on sache qui en est la cible;

- l'effet de la prière ne diminue pas avec la distance ni avec le nombre des malades;

- la prière est deux fois plus forte lorsqu'elle est non dirigée, c'est-à-dire lorsqu'il y a absence de volonté propre («je veux que ma tante guérisse»);
- en revanche, la prière dirigée et programmée produit une guérison qu'on appelle «psychique» et qui ne dure guère.

## La prière efficace est sans ego

La prière efficace doit donc se faire dans une absence totale d'ego. On demande simplement que les malades soient amenés à l'état qui leur est le plus favorable. On cherche à réaliser la volonté de Dieu, pas la nôtre. On ne demande pas la guérison mais ce qui est *le meilleur*. Cette attitude, on le reconnaîtra, est le propre d'un être guéri et harmonisé, uni à l'Esprit — du moins à cet instant même. Il est éclairant de noter que Maguy Lebrun et son mari, qui ont assisté des milliers de malades en France et ailleurs, donnent eux aussi une importance capitale à une absence de volonté propre. *Celui qui prie doit se tenir dans l'espace de sa propre guérison intérieure, là où son être est entier, où l'Esprit est présent et agissant; il doit se tenir uni à Lui et laisser Son énergie opérer à Sa guise.*

L'intervenant authentique est avant tout quelqu'un qui n'intervient pas ou du moins qui ne s'interpose pas. Il s'efface devant ce que le Dr Siegel appelle «l'intelligence aimante de l'énergie». Quelqu'un dont l'être est guéri ou en voie de guérison peut donc effectuer chez un autre une vraie guérison du corps — si c'est cela que veut l'Esprit.

## La guérison de l'être n'entraîne pas toujours celle du corps

Mais une personne qui a connu la guérison de l'être (*healing*) va-t-elle nécessairement guérir dans son corps?

Non seulement une personne guérie en son être ne guérira pas automatiquement dans son corps, mais la transformation intérieure peut même susciter une maladie, pour accélérer la nouvelle conscience, pour mieux comprendre, pour augmenter sa compassion, pour atteindre à une plus profonde humilité, une docilité plus complète. En ce sens, la santé (de l'âme) peut contenir de la maladie. L'être spirituellement guéri jouit d'une liberté totale vis-à-vis des états physiques tels que santé/maladie, richesse/pauvreté. Mais il faut tout d'abord comprendre qu'être malade n'est pas une punition pour des attitudes mauvaises ou répréhensibles, ou encore un signe que l'on est rejeté par la Vie. «Pourquoi as-tu choisi de te donner le cancer?», demandait-on à Treya, l'épouse de Wilber, qui mourut d'un cancer après cinq ans de souffrance. «Quand on me pose cette question, confiait-elle à son journal, j'ai l'impression que l'interlocuteur me regarde du haut de sa santé et de sa moralité supérieures. Cette question n'attire pas une attitude constructive. Mais si l'on me demandait "Comment choisis-tu de te servir de ce cancer?", alors je me sentirais soutenue, pleine de force.» (Ken Wilber, *Grace and Grit*.)

Comme la maladie n'est pas une punition, la santé non plus n'est pas une récompense pour la bonne conduite, pas plus que la vie ou la richesse par rapport à la mort et à la pauvreté, qui seraient des punitions ou des jugements. Comme le dit Wilber, «il y a tant de maladies que nous croyions autrefois d'origine purement spirituelle ou psychologique, et qu'aujourd'hui nous savons avoir des composantes physiques ou génétiques... Dans notre culture judéo-chrétienne, reprend Treya Wilber, avec son insistance sur la culpabilité, la maladie est trop facilement perçue comme une punition. Je préfère l'approche bouddhiste où tout ce qui arrive est reçu comme une occasion d'accroître sa compassion, de servir les autres. Je dois apprendre à faire de la maladie une amie,

et à ne pas la voir comme une faillite. Je dois apprendre à ne pas prendre trop au sérieux les choses sérieuses.» (Wilber.) N'oublions pas que c'est une personne mourant de cancer qui parle ici.

## La maladie comme grâce

De son côté, Stephen Levine rapporte un propos semblable de la part d'une de ses patientes qui lui disait un jour: «Tu sais, le cancer est un cadeau pour la personne qui a déjà tout.» C'était une femme de 50 ans qui s'était fait enlever les deux seins. Elle se leva pendant un atelier et dit: «Il y a trois ans, j'ai reçu la grâce d'avoir le cancer. Toute ma vie j'ai cherché un maître et ce n'est qu'en recevant le cancer que j'ai vraiment commencé à faire attention à chaque souffle précieux, à l'énergie de chaque pensée, et à m'apercevoir que ce moment présent était tout. Tous mes autres maîtres m'ont donné des idées. Le cancer m'a fait expérimenter ma vie directement. Quand j'ai eu le cancer, c'était alors à moi de naître avant de mourir.» (*Timeless Visions, Healing Voices*) Comme nous sommes loin ici de l'attitude revendicatrice de ceux qui exigent qu'on leur trouve à tout prix une greffe d'organe et qui considèrent que la vie leur est une chose due!

«Si la souffrance, poursuit Levine, n'est pas en soi une belle chose, elle attire cependant notre attention. Les gens doivent être assez avancés dans leur travail spirituel avant qu'ils donnent à l'agonie l'attention qu'ils donnent au plaisir. Nous avons du reste remarqué que la plupart ne se donnent pas la permission de vivre avant de se faire donner un diagnostic terminal.» Et il conclut en disant: «Tout a été donné pour la guérison de l'être. Avoir compassion de soi-même, même quand notre cœur est fermé, c'est se guérir. Ne pas le forcer à s'ouvrir car l'action forcée ferme le cœur... Guérir, c'est toucher avec amour ce qui avait été touché avec dureté et jugement.»

## La transformation dans un corps qui meurt

Il y a donc des cas où la personne peut être guérie dans son être, comme Treya Wilber, et qui cependant meurt d'une maladie physique. Plusieurs saints sont morts de maladie: Neem Karoli Baba (maître de l'Américain, Ram Dass) est mort d'une maladie de cœur; Nisargadatta, Suzuki Roshi, Ramakrishna, Vivekananda, Ramana Maharshi et Krishnamurti, du cancer. Thérèse de Lisieux est morte de tuberculose; Bernadette Soubirous, qui avait pourtant été témoin de nombreux miracles, meurt dans la trentaine d'un cancer des os; elle n'a pas été miraculée.

## Sommes-nous responsables de nos maladies?

Est-il donc vrai que, comme le veut un courant actuel de pensée, on est malade parce que l'on pense mal ou que l'on entretient de mauvaises émotions, et qu'en fin de compte, on est complètement responsable de son mal-être comme de son bien-être?

Selon Ken Wilber, qui a longuement réfléchi à cette question, d'autant plus qu'il fut pendant cinq ans intimement impliqué dans le cancer de son épouse, l'attitude qui veut que «je crée ma propre réalité et que l'on choisit de vivre comme l'on choisit de mourir», est simplement infantile, magique et narcissique. «Cette attitude considère que le monde et moi, c'est une seule chose et que ma volonté est donc celle du monde. Ainsi, une simple pensée pourrait changer le monde.» (*Grace and Grit*)

Stephen Levine nous rappelle également que «si tu meurs, ce n'est pas parce que tu choisis de mourir. Si c'était ainsi, tous ceux qui meurent du sida seraient des lâches, des incompétents, parce qu'ils ne réussiraient pas à se guérir. J'ai vu trop de veuves de 95 ans harnachées dans leur fauteuil roulant prier pour qu'arrive la mort et perdre leur confiance en Dieu à force de ne pas être entendues. En revanche, j'ai vu des gens travailler tellement fort en utilisant toutes les techniques les plus difficiles, qui faisaient tout leur possible pour rester dans leur corps mais qui mouraient quand même. Ce ne sont pas des faillites. L'idée que l'on puisse être responsable de son cancer a causé beaucoup de souffrance. Nous ne sommes pas responsables de notre cancer, nous sommes responsables *à l'égard de* celui-ci. Nous avons à lui ouvrir notre cœur et à recevoir des leçons. La maladie n'est pas un mal: c'est de l'enseignement.»

## Le besoin de contrôler

«On est convaincu, dit Joan Borysenko, que tout est connaissable et explicable. Mais on a besoin d'apprendre à respecter le mystère... Comme biologiste spécialisée dans les cellules cancéreuses, je peux vous dire que oui, il y a certains cancers où l'on peut défaire ce que l'on a créé. Mais il y a plusieurs autres cancers qui sont biologiquement déterminés et qui ne pourraient même pas être guéris par la meilleure attitude mentale. (...) J'ai demandé au Dalaï Lama ce qu'il dirait à des gens qui croient que leur maladie est causée par leurs erreurs psychologiques ou spirituelles. Il m'a répondu en riant: "Je leur dirais de ne pas être aussi simplistes: il faut tenir compte de la génétique, de l'environnement, aussi bien que de l'effet de l'esprit sur le corps. Bien sûr qu'il est bon de vérifier si vous y avez contribué, mais il y a des fois où vous aurez contribué et d'autres fois où vous ne l'aurez pas fait." (*Timeless Visions, Healing Voices*)

Après cinq ans de recherches et de tortures, Treya et Ken Wilber étaient arrivés à ne plus croire que la maladie physique est due uniquement et tout d'abord à une attitude mentale, émotive et spirituelle. On peut ne pas être d'accord. Mais je ne croirais en ce domaine que la personne qui est elle-même passée à travers une maladie telle que le cancer et non simplement quelqu'un qui défendrait une opinion.

## Le nouveau visage de la culpabilité

L'idée de pouvoir tout contrôler est erronée et engendre de la culpabilité — qui n'est pas différente de celle que l'on a héritée du christianisme. La pensée actuelle a troqué une culpabilité pour une autre. Penser de cette façon, c'est se donner trop d'importance et oublier tous les autres liens qui nous rattachent à l'univers, comme dans un tissu indéchirable échappant à notre contrôle: «Si nous avons un contrôle sur la *façon* dont nous répondons à ce qui nous arrive, nous ne pouvons cependant contrôler *tout* ce qui nous arrive. Il y a d'autres facteurs qui entrent en jeu en plus de l'émotion et de l'attitude mentale: la nourriture, les accidents, l'hérédité, le style de vie, les drogues, l'occupation, l'habitat, le lieu, l'âge, la personnalité, les conditions antérieures. Nous *affectons* la réalité, conclut Treya, nous ne la *contrôlons* pas.» (Wilber, *Grace and Grit*)

Il existe toute une littérature qui établit une équivalence parfaite entre une maladie et son unique cause émotive, si bien que souffrir des yeux serait dû au fait que l'on ne veut pas voir sa vie (mais que va-t-on dire alors d'un François d'Assise qui souffrait des yeux et qui est même mort des séquelles de sa conjonctivite aiguë?). Et si vous avez mal aux genoux ou aux pieds, c'est *uniquement* parce que vous ne voulez pas avancer dans la vie? Alors que c'est peut-être justement parce que *vous aviez trop hâte d'avancer* et qu'en traversant la rue une auto vous a fracassé les genoux! Tout cela est fort simpliste: on a remplacé une explication *uniquement* matérialiste

(vous êtes malade à cause d'un microbe) par une explication *uniquement* spiritualiste ou mentale (vous êtes malade à cause de votre pensée ou de vos émotions). Le mot
qui fait perdre l'équilibre et la mesure c'est *uniquement*.
Peut-être que le temps est arrivé d'intégrer les deux et
d'accepter la complexité et le mystère de la vie.

## Nous sommes plus que la pensée

Il est connu depuis toujours que la pensée est un
champ d'énergie, un corps de vibrations très puissant. Le
corps et les émotions sont étroitement liés à la pensée, au
point que l'on puisse dire que *l'ego* devient ce dont il se
nourrit mentalement, tout comme *le corps* devient ce
dont il se nourrit physiquement. Mais l'ego n'est pas
l'être vrai et ce serait complètement faux de dire que l'on
est ce que l'on pense ou ce que l'on veut. Lorsque est
entamé le processus de la transformation, la pensée,
comme les émotions et la volonté propre vont céder leur
prétention à contrôler, pour se laisser mener par une
présence mystérieuse, simple, douce mais infiniment exigeante. Il serait donc juste de dire que, pour la première
étape — celle où l'on devient *quelqu'un* — la pensée est
très utile. Tous les projets que l'on fait, les idées que l'on
entretient par rapport à ce qui peut se produire, tout cela
galvanise notre volonté de vaincre et de réussir. Cela
contribue à former un ego solide, ce qui est nécessaire
pour pouvoir un jour le transcender. Je peux donc plani-
fier et prévoir mentalement et dans bien des cas les événements suivront le cours prévu. Mais dans d'autres situations, cela ne fonctionnera pas. Par exemple, si je
planifie de ne pas vieillir, de ne pas mourir, de contrôler
les autres, le monde, le cours des événements qui ne me
regardent pas de près, la pensée est inefficace. Je m'aper-
cevrai même, à mesure que je m'ouvre à la dimension
spirituelle, que ces planifications de mon mental, sont en

effet des pièges, des fixations, des arrêts dans la croissance.

Plus je me confirme dans l'idée que je contrôle (ou que je m'en convaincs), plus j'affermis l'ego qui est consolidé par l'illusion de contrôler et de pouvoir changer le monde selon sa volonté propre. Ainsi, je pourrai même me convaincre que «je suis abondance, succès, bonheur» et tout ce que l'on voudra, jusqu'à me convaincre même d'être Dieu et à m'attendre à ce que ces pensées se réalisent en toute logique. (Voilà un autre cas de vocabulaire mystique appliqué à une situation purement narcissique.)

Or, ce que l'on apprend très tôt, c'est que la pensée ne crée pas la présence divine, elle ne crée pas la transformation, elle ne change pas le cœur, elle ne fait pas passer de la peur à l'amour, de l'esclavage à la liberté, de l'illusion à la vision. «Le mental, dit Arnaud Desjardins, est radicalement impuissant à saisir la Vérité.» Pour que cela se produise, il faut justement que l'ego (pensée, émotion, volonté propre) cède à son Fondement.

Si donc, pendant que je me convaincs d'être Dieu, en répétant des affirmations quotidiennes, je n'ai pas visité, reconnu et accepté mes ténèbres, je me raconte tout simplement des histoires. Mais si, en revanche, j'ai fait le travail d'habiter et d'assumer mes bas-fonds, je n'aurai plus à entretenir des pensées positives, elles le seront devenues spontanément, puisque ce sont les émotions négatives qui produisent toutes ces idées noires et destructrices — comme une fumée qui émane d'un puits de pétrole en feu.

## Se prendre pour Dieu

La place de la Présence en nous est usurpée par l'ego prétentieux et jusqu'à ce que celui-ci ait repris sa vraie dimension, la présence divine va pousser, inviter, inciter la personne à perdre ses illusions, son orgueil, sa volonté de dominer, son refus de la vie, son autonégation et son égoïsme. Cela se fera par un effeuillement occasionné par des épreuves, des pertes, des faillites, des rejets, des abandons, des maladies, des blessures et des viols (psychologiques autant que physiques). Cela peut aussi se faire par les rêves, par la rencontre de certaines personnes qui nous disent nos vérités, ou par la lecture de certains textes qui nous remettent en question (à condition de passer à l'action). Mais c'est tout d'abord par les expériences quotidiennes que la Présence en nous tente d'émerger.

Petit à petit, l'ego en nous se voit perdre ses prétentions à être le maître de la vie. Il découvre que la vie n'est pas sa possession propre, que l'avenir ne se contrôle pas, que l'on ne peut empêcher la mort, les blessures et les deuils. On découvre que l'on n'est en charge d'aucun royaume, que le seul vrai roi de l'âme, c'est le pardon, l'amour, la compassion. Cet amour-compassion, l'ego ne peut l'obtenir. Cela ne naît en nous qu'à mesure qu'on laisse la vie nous mener, nous donner ce qu'elle a à nous donner, et nous enlever ce qu'elle doit nous enlever. La présence divine s'éveille justement en découvrant les manigances qu'emploie l'ego pour faire durer son contrôle. De sorte que si l'on est conscient de son ego, c'est que la Présence en nous s'est éveillée et a commencé son œuvre de transformation. Elle a commencé à germer comme un petit enfant. C'est justement ce qui s'appelle la nouvelle ou la seconde naissance, celle par quoi on devient un nouvel être complètement engendré par une autre source. L'émergence de cet être nouveau, c'est la guérison véritable, le *healing*.

## Mourir à l'idée que l'on se fait de Dieu

L'ego se fait une idée fausse de Dieu parce qu'il se fait une idée fausse de lui-même. Il ne se voit pas «face à face», tel qu'il est. Il est voilé. C'est pourquoi il est dit dans l'Écriture: «Personne ne peut voir Dieu (tel qu'il est) sans mourir (à ses prétentions).» Personne n'entre dans sa vérité sans mourir à son mensonge. On ne peut retrouver l'union à la Source en nous qu'en ayant cessé justement de se prendre pour la source.

Et alors en effet, on est «un avec le Père». Car Dieu a pris toute la place. Mais ce n'est pas senti comme «je suis devenu Dieu», c'est plutôt le je qui est absorbé et qui est devenu le vide. Le je de «je suis Dieu» a disparu. On ne peut donc dire cette phrase à la légère. La tendance de l'ego à se prendre pour le centre du monde veille toujours et elle peut sans broncher s'abriter derrière un langage, surtout s'il est sublime.

Mais qu'on ne l'oublie pas: Dieu n'est pas complaisant pour l'ego. Il est exigence absolue. Il demande que nous nous vidions complètement pour nous remplir. On ne peut prétendre se jouer de lui en désirant lui être uni et en même temps s'en réserver secrètement le mérite. L'ego se fait une fausse idée de Dieu aussi longtemps que l'ego n'est pas mort. Ou plutôt: l'on se fait une idée de Dieu aussi longtemps que l'ego existe. Quand l'ego disparaît, alors son Dieu disparaît également. Car, comme le disent Maître Eckhart au XIII$^e$ siècle et Bernadette Roberts au XX$^e$, il faut mourir à Dieu pour découvrir le divin absolu.

# CHAPITRE 3

# La grâce de la vie

«Nous n'avons pas à créer ou à produire quoi que ce soit par nos efforts, dit Arnaud Desjardins. La réalité ultime est déjà là. C'est l'affirmation centrale de tous les enseignements spirituels.» («La voie de la réconciliation», *in Terre du Ciel*, n° 9)

L'être humain a-t-il *droit* à la vie? A-t-il droit au bien-être, aux nécessités de la vie, à la santé, à la sécurité et à tout le reste? C'est l'opinion majoritaire, c'est ce que pensent les démocraties, les nantis, les États libres, les individus «émancipés», les «bien-pensants». Mais l'être transformé ne voit pas les choses de la même façon. La prétention d'être propriétaire de sa vie, d'avoir le droit d'être en vie et d'être ce que l'on est, fait partie des traits de l'ego. Or, selon la tradition spirituelle, la vie n'est pas due, elle n'est pas acquise, elle n'est pas obtenue. La vie, comme la santé et la richesse, n'est pas une récompense de bonne conduite ou un paiement pour des services rendus. Elle est reçue, gratuite. C'est là un des sens du mot «grâce», l'autre sens étant celui d'élégance naturelle et spontanée. La vie se donne gratuitement comme une eau qui coule de source, sans effort, avec délicatesse et spontanéité. On peut aussi la comparer au souffle, comme je l'ai longuement démontré au début du livre.

Mais l'humain entraîné par l'ego veut contrôler et durer. Il est bien servi par les médias, les opinions en cours, les idées reçues, qui tous l'encouragent à se croire maître de tout, à se voir comme l'indispensable propriétaire, comme l'organisateur et le transformateur irremplaçable du monde. Et cependant, lorsqu'on s'arrête, que l'on garde un peu le silence, et que l'on commence à voir, il devient évident que l'on ne sait même pas expliquer comment on fait pour bouger le bras ou faire fonctionner le foie. Et le sommeil — comment fait-on pour dormir? Et même, comment, au plus profond du sommeil, fait-on pour continuer de respirer, pour faire circuler le sang? Non, la vie vient d'ailleurs, elle vient d'avant, elle nous précède, nous n'en sommes pas l'auteur, nous n'avons pas prise sur elle, nous n'y avons pas droit. C'est une pure grâce.

Cependant, des gens qui souffrent d'un cœur ou d'un rein défectueux croient avoir le droit à la vie, ils jugent la situation injuste et affirment que cela leur est dû. Et ceux qui sont en mesure de satisfaire leur droit, sont tenus, sinon obligés d'y donner suite. Mais ces malades ne sont pas seuls à croire qu'ils ont droit à la vie. L'idée d'avoir et d'exiger (ou même d'imposer) ses droits s'est répandue comme un feu de paille, depuis le début de la *me generation* (génération du moi) lancée par les hippies des années 60. Il y a le droit des femmes et des féministes, le droit des hommes (qui leur ont répondu), le droit des minorités (homosexuels, handicapés, Noirs, personnes âgées) et finalement celui des enfants et des animaux. Fort bien: il est entendu que la vie reçue et que l'on se fait donner à chaque battement de cœur, à chaque respiration, nous devons la protéger et l'entretenir, même la défendre dans certains cas, — comme un trésor confié, plutôt qu'une possession gagnée à la sueur de nos efforts. C'est un don précieux et délicat qu'il s'agit de traiter avec respect et reconnaissance.

Toute la voie de transformation consiste à comprendre avec ses entrailles que tout est donné, que tout est bienfait, que tout est grâce, qu'il n'y a rien à obtenir, à posséder ou à défendre. «*Dont push on the river*» — ne poussez pas sur la rivière — disent les bouddhistes; «on ne fait pas pousser la fleur en tirant sur ses pétales» fait écho le poète Tagore. Le passage d'un monde de choses à acquérir, d'une attitude de compétition, de droits à défendre, de pouvoirs à protéger, de forces à démontrer, à un monde de grâce, de spontanéité et d'aise — de faiblesse même —, s'appelle la transformation. Ce qui a toujours été là reprend sa vraie place. Ce qui est là dès avant qu'on l'ait su, avant qu'on ne le puisse jamais savoir, prend la place du personnage qui agit comme propriétaire parce qu'il a oublié le moment où on l'a accueilli gracieusement dans la maison.

Le Soi éternel est la condition d'être qui est déjà présente au moment où le corps apparaît en scène, se constitue et devient ce je obsédé par ses droits et ses propriétés, ses acquis et ses pouvoirs, son contrôle et sa supériorité. Tout cela parce qu'il a oublié ou ignoré sa source et qu'il s'en est séparé. Tout en lui est venu de plus loin, de plus profond que lui, tout en lui prend racine dans une région qu'il ne peut soupçonner ni reconnaître, et dans laquelle il ne peut descendre et qui cependant est la source, le grenier, la grange infinie, le sol nourricier de sa petite capsule.

On ne peut posséder la vie, on ne peut que la laisser exister et nous contenir sans pouvoir jamais comprendre. Au fond, il n'existe que le silence de l'esprit qui contient tout sauf notre revendication inquiète.

La reconnaissance est la grâce par laquelle se manifeste cet Esprit. La reconnaissance: le silence devant le don.

# CHAPITRE 4

# Devenir quelqu'un pour devenir personne

Selon la grande tradition, la transformation de l'être peut être perçue comme un passage de l'autonomie à l'abandon. Entrer sur la voie spirituelle n'est possible que si l'on devient tout d'abord une personne responsable, capable de se tenir debout, de penser, de défendre ses droits, de gagner sa vie, de s'occuper de ses enfants — en somme, de ne pas dépendre mais d'être autonome. Ainsi, il pourrait y avoir deux étapes dans ce voyage qu'est la vie. La première consisterait à devenir *quelqu'un*; la deuxième, à devenir *personne*.

Quant au premier volet, il s'agit en somme de prendre sa place et de jouer son rôle dans la société. L'ego doit être fort avant qu'il puisse se perdre dans le Soi. Il doit être assumé, bien campé, solide sur ses acquis. Seul un ego fort peut recevoir la conscience transcendante. Voici ce que dit à ce sujet Bernadette Roberts, la contemplative américaine: «Le modèle behavioriste qui considère la pensée et le comportement humain comme simples conditionnements m'avait toujours été antipathique, mais durant le Passage (à l'état-sans-ego), j'ai compris que l'ego (conditionné) était l'état même de la santé mentale, et que les habitudes préconditionnées d'un esprit adulte équilibré, intégré, étaient absolument essentielles pour parcourir ledit Passage. Ainsi donc, les années qui ont précédé ce passage... étaient-elles d'une importance capitale; à tel point que tout durant le grand Passage reposait sur cette stabilité acquise par un comportement conditionné.» (*In Timeless Voices*)

La vie nous pousse à devenir ainsi solide, courageux et fort — autant de valeurs qui développeront l'ego. Mais l'ego, bien sûr, va s'attacher, selon sa logique toute naturelle, à ces acquis, à ces pouvoirs, à sa prétendue solidité. Il va tomber dans la dépendance en s'identifiant à toutes ces choses qui l'enchantent et le séduisent. Pour se libérer d'une dépendance, la première condition est de la reconnaître. Pour se réveiller, se reconnaître endormi; pour se libérer, commencer par se reconnaître en prison (tout comme, pour aimer on doit tout d'abord se voir possessif, égoïste, infantile — non aimant —, et pour se découvrir dans toute sa dimension lumineuse, divine et créatrice, il faudra vivre à fond [en le laissant remonter] tout le négatif que l'on a nié et enfoui dans les bas-fonds). En somme, pour se libérer de l'identification à l'ego, il faut commencer par reconnaître celui-ci et notre dépendance à son égard.

## Les dépendances extérieures

Les dépendances, qui sont de plusieurs sortes, peuvent se pratiquer vis-à-vis de l'extérieur ou de l'intérieur. Quant à l'extérieur, on peut dépendre des corps séduisants, des objets convoités, des pouvoirs, des autorités, des figures influentes, des «maîtres», des professeurs, des médias, ou encore, des groupes organisés, des paradis artificiels (drogues, religions fascistes, jeux de hasard, nourritures excessives, travail obsédant, sexe abusif, etc.). Quant aux groupes, s'il est utile d'être appuyé en début de route, et si le sentiment de se savoir épaulé peut être alors très précieux, la vigilance est aussi nécessaire ici que dans le cas où l'on se rend dépendant de quelqu'un qui se prend pour un maître. Veillons à ne pas être confondu avec le groupe, à garder un minimum d'esprit critique et surtout à nous fier à nos intuitions et à notre sentiment profond de ce qui est bon pour nous.

La reconnaissance de ces attaches et de ces dépendances affectives ayant été faite, il s'agira ensuite de cesser de les juger ou de les condamner, désamorçant ainsi toute identification (par haine ou affection) à cette force extérieure qui nous exile, qui nous empêche d'être nous-même et qui kidnappe notre ego. Ce travail poursuivi avec patience et vigueur finit par rendre autonome vis-à-vis des formes et des attractions du dehors.

## Les dépendances intérieures

Mais il y a aussi la dépendance à l'égard de ces formes qui habitent notre monde intérieur — les émotions négatives (de la peur à la culpabilité) et le mental (les pensées, les idéologies idéalistes, les fuites dans l'astral). Aussi longtemps que l'on est mené par ses passions ou ses croyances émotives, on n'est pas un adulte autonome et l'on ne peut remplir avec justesse et plénitude ses responsabilités. On ne peut donc être libre, créateur et ouvert à la vie dans sa totalité. Comme le dit Bernadette Roberts: «J'exclus le fait de sentir et de s'émouvoir comme des récepteurs authentiques du surnaturel; dans tous les cas, les émotions dénotent une immaturité spirituelle et indiquent un ego qui veut contrôler. Non seulement les émotions sont-elles l'antithèse du pur esprit mais, si l'on s'y attache et que l'on ne les abandonne pas, elles vont faire avorter l'aventure spirituelle. Les sentiments surnaturels que nous appelons "amour", "paix" et "joie" ne viennent pas des émotions, au contraire, elles les contournent comme des récepteurs inadéquats de la grâce. (...)

«Saint Jean-de-la-Croix nous dit tant et plus que l'union à Dieu ne peut être enracinée dans les émotions ni expérimentée comme il faut par celles-ci; car un tel niveau de conscience est incapable d'entrer dans cette union, et tout débordement émotif est perçu comme un signe de faiblesse, d'une âme qui n'est pas parfaitement purifiée...

«L'union des volontés (celle d'un individu à celle de Dieu) laisse tomber le *feeling* de notre propre façon d'aimer, afin d'entrer dans l'amour propre à Dieu — un amour qui est au-delà de toute émotivité.» (*The Path to No-Self*)

## Les étapes de la conscience

La première grande étape de la croissance consiste en réalité à installer ses droits et son prestige, à acquérir de la personnalité, un équilibre psychologique, c'est-à-dire ce que la psychologie considère comme l'attitude ou le comportement d'un adulte «normal», bien qu'ici le normal ne soit défini que par rapport à ce qui lui est inférieur: la névrose, l'infantilisme, les complexes. En effet, la psychologie traditionnelle est plafonnée par la raison. Il serait donc utile de rappeler ici les trois niveaux de conscience mis en évidence par le psychologue transpersonnel Ken Wilber.

## Le prépersonnel

Le prépersonnel est ce qui précède l'autonomie; c'est la condition de l'enfant dans le sein de sa mère, en état de fusion, d'identification nécessaire à sa survie. (On trouve cette conscience chez beaucoup de gens soumis à une religion, à une secte ou encore à la personne qu'ils croient aimer.) À cette étape, la personne n'est pas encore elle-même. Elle est encore un enfant. Or, tout enfant, dès après sa naissance, doit conquérir l'autonomie de ses membres, de ses mouvements, de son expression, de sa conduite et de sa façon de penser. De son côté, la maman doit également, pour que l'autonomie s'établisse chez cet enfant, devenir de plus en plus autonome vis-à-vis de celui-ci. Ainsi tous deux sortiront du prépersonnel pour atteindre l'attitude proprement personnelle, sans toujours se référer à l'autre, mais se distinguant de l'autre et même s'opposant à lui, pour finalement définir et défendre son espace tout en apprenant à respecter celui de l'autre.

## Le personnel

Cette deuxième étape qui «normalise» les rapports entre des personnes adultes, est la condition préalable pour qu'un être atteigne à la conscience de l'Esprit, à cette réalité plus grande, plus comblante mais aussi plus exigeante. Celle-ci attire l'être vers un dépassement qui met en veilleuse et tend même à annihiler les valeurs et les attitudes de l'ego, elle renverse la façon «normale» d'apprécier les choses, elle transforme radicalement. Selon Ken Wilber et Irwin Thompson, un historien éclairé, un bon vingt pour cent des adeptes du Nouvel Âge se trouveraient dans l'attitude transpersonnelle, alors que quelque quatre-vingts pour cent auraient encore une conscience prépersonnelle, «se serviraient de ce qu'ils savent du transpersonnel pour justifier et rationaliser leurs attitudes.» (*Transformations of Consciousness*, Ken Wilber, Jock Engler et Daniel P. Brown, Shambhala 1986.) Ainsi, ils interpréteront leurs visions, leurs «voix du Ciel» et leurs expériences extatiques comme des états mystiques authentiques, alors qu'elles ne seraient que de la fusion maternelle et narcissique. Autrement dit, ils utiliseraient tout le vocabulaire spirituel pour protéger leurs dépendances et leurs fuites de la réalité.

C'est pour devenir personne que l'on devient... une personne — quelqu'un. Le but de cet exercice, qui consiste à se tenir debout et à être capable d'affronter la vie, n'est pas simplement de «gagner», de «vaincre» ou de «réussir». C'est de s'enlever du chemin pour laisser passer l'Être essentiel. C'est de devenir un instrument parfait, une *transparence*, complètement souple dans les mains de l'Être. Devenir un avec le souffle du vent, comme l'oiseau en plein vol.

## Être libre d'appartenir à Tout

Ainsi donc, *si l'on apprend à être autonome vis-à-vis de tout, c'est justement pour être libre d'être à l'Esprit*. On devient autonome justement pour ne plus être hypnotisé par la croyance que l'on est indépendant de cet Esprit, pour ne plus vivre dans l'illusion, pour être un avec Lui, son instrument, son moyen d'expression, sa voix.

C'est cela l'exigence de la Vie en nous. Toute dépendance doit être dépassée pour qu'il y ait ensuite un lâcher-prise et un abandon à plus que soi. «Ce n'est que dans la mesure où l'homme s'expose encore et encore à l'anéantissement, que ce qui est indestructible pourra s'élever en lui», affirme Graf Dürckheim, dans *La Voie de transformation*. Et de son côté, Bernadette Roberts a ceci à dire sur l'anéantissement qu'elle a elle-même vécu: «À un certain point, lorsque nous avons fait tout ce que nous pouvions, le divin entre et s'empare de nous. Le processus de transformation est une dé-création et une re-création divines... Le début est la descente du nuage de l'inconnaissance, où l'ego comme centre disparaît, ce qui nous laisse devant un trou noir, un espace vide en nous. Sans le voile de l'ego, nous ne reconnaissons pas le divin; il n'est pas comme nous pensions.

«Voir le divin face à face est une réalité qui déçoit nos attentes de lumière et de béatitude. D'ici nous devons avancer dans la nuit, nous descendons au niveau le plus profond en nous... Et le sentiment d'un vide terrible nous envahit.

«Sans aucune gratification pour l'ego au centre et pas de joie divine en surface, cette partie du voyage n'est pas facile. Des actes héroïques accomplis sans ego sont requis pour arriver à bout de l'ego — des actes qui n'apportent rien du tout à celui-ci. Ce voyage depuis l'ego à l'absence d'ego est un temps où l'on démasque les énergies de l'ego et de tous les rôles divins qu'il est tenté de jouer.» («The Path to No-Self», dans *Timeless Visions, Healing Voices*)

Devenir tout, c'est cesser de n'être que chacune de ces choses qui composent le tout, c'est laisser aller chacune de ces formes et de ces créatures auxquelles on s'est identifié en pensant secrètement qu'elles deviendraient tout pour nous. Seule cette présence qui nous habite peut nous libérer, nous convaincre d'être complètement aimé, nous faire devenir une personne créatrice, en vie, spontanée, lumineuse. On redevient un avec la Vie et l'univers, l'enfance nous est remise même au milieu des peines et des épreuves. Mais pour enfin la retrouver, il aura fallu perdre son infantilisme à sa racine.

# CHAPITRE 5

# L'enfance du cœur

Depuis quelque temps, l'enfance est à l'honneur. Après les femmes, les vieillards, les homosexuels et les handicapés, c'est au tour des enfants de recevoir une attention particulière et de se voir enfin pleinement réhabilités. Est-ce parce que chacun découvre quelque remords, une culpabilité vis-à-vis de ses parents ou de son enfance? Ou est-ce parce que la hantise de la mort nous fait prendre conscience du passé et nous fait nous agripper à l'enfance? Toujours est-il que l'enfance est perçue comme un idéal, une attitude rêvée ou une époque idyllique. Sa spontanéité, son regard direct et sans apprêt, son absence de sentimentalisme. Sa perception du faux, sa confiance et sa foi naturelle dans la vie sont vus comme les vertus que l'adulte a hélas perdues. Certains diront que l'enfance demeure en nous, qu'elle ne se perd jamais, qu'il s'agit simplement de la protéger, de la recouvrer.

Le message de Jésus concernait l'enfance. Pas l'enfance passée — cette douceur des câlineries et des sourires d'ange, ou la supposée innocence que l'on s'empresse d'accorder à l'enfance à mesure qu'on la perd soi-même — mais une enfance à acquérir, une enfance qui devra passer par une transformation, une épreuve, une mort. Le grain devra «mourir à lui-même» s'il veut

renaître: «À moins de *renaître* de nouveau», «À moins de
*redevenir semblables à* des enfants» (et non: simplement
des enfants), vous n'entrerez pas dans le royaume où tout
est unifié. Mais Jésus disait curieusement quelque chose
de semblable au sujet des prostituées: «Elles vous précé-
deront dans le royaume», et si vous ne devenez pas
comme elles, vous n'y entrerez pas. Ce privilège était
également accordé à l'âme repentante du publicain, du
pécheur public. L'enfance à laquelle Jésus semblait se
référer, c'est l'enfance du Cœur, un au-delà de l'étape
actuelle, un Surplus, un excédent. Un état adulte avec un
immense plus.

La vraie enfance selon Jésus est devant nous, pas
derrière. Ce n'est pas une chose du passé mais une rentrée
dans une autre dimension qui se vit au présent, après
avoir libéré le passé. Cette enfance du cœur n'est donc
pas l'enfance du corps. Ce n'est pas ce qui se passe de la
naissance à sept ans. C'est une capacité qui est semée en
nous et qui s'éveille une fois que le Oui a été engendré au
plus profond de nous-mêmes, que le Oui a été dit à tout
ce qui est en nous, dans notre passé, notre inconscient,
dans nos refoulements et nos négations. Une fois que l'on
a consenti justement à larguer toutes nos nostalgies.

Le oui que l'on dit à la vie au début est un oui
sélectif et partiel: on dit oui à ce qui plaît, flatte, excite,
console et passionne. À tout ce que l'on aime. C'est cela
que l'on veut avoir; c'est cela que l'on veut faire durer.
Une fête de Noël permanente. Toutes nos énergies s'éver-
tueront à obtenir, sécuriser et défendre ces «valeurs»
contre leurs contraires et contre ceux qui veulent nous les
enlever. C'est donc un oui qui ne favorise qu'un côté de
la vie, celui qui nous plaît. Il est injuste, débalancé,
aveugle. Aussi, fait-il souffrir celui qui le pratique autant
que son entourage. Il installe un état de guerre: on combat
un ennemi créé par la négation, un ennemi qui contient

tout ce que l'on rejette. Ce oui de l'enfance coupe la vie en deux: ce que l'on veut obtenir et consolider et ce que l'on veut fuir et nier. Il coupe ainsi la personne d'elle-même et la maintient séparée des autres. On ne veut voir que le père Noël éternel, ses cadeaux, ses bonbons et ses faveurs; on veut oublier les mauvaises fées, les ogres et les loups.

La vraie enfance, celle du cœur, est celle qui rassemble, qui comprend et guérit. Elle est un dépassement de nos attitudes de bébé. C'est une force de renouvellement, de ténacité, de confiance qui ne se trouve pas naturellement au début de notre vie comme un simple état de fait, mais qui est le fruit d'une transformation. C'est une force de vision qui nous fait accepter l'inacceptable, aimer ce que l'on a détesté, comprendre ce que l'on avait jugé. Cette force à la racine ou au cœur de notre Être est une structure, un axe, un tronc indéracinable, invincible, inébranlable. Mais elle n'est pas née ainsi. Elle est le résultat d'une croissance, d'une maturation, d'une volonté poursuivie. Pendant tout le trajet, il faut savoir garder l'œil braqué sur son étoile.

## La leçon des contes de fée

C'est la leçon que nous enseignent à leur façon certains contes de fée. Ce thème a récemment revêtu des formes nouvelles, par exemple *L'histoire qui ne finit jamais, The Dark Crystal* (*Le Cristal sombre*) et *Hook* (*Capitaine Crochet*). Je voudrais m'attarder ici à la dernière de ces incarnations.

Dans *Hook*, il est question de Peter Pan, cet enfant qui ne veut pas grandir parce que le monde adulte a perdu le sens de l'émerveillement, de la spontanéité, de la fête. Il refuse de confronter son mal, ce qui fait qu'il ne devient jamais adulte. Mais dans ce film, il a grandi tout en restant *infantile* (ce qui est le cas de bien des adultes!).

Maintenant, à 44 ans, il est père de deux enfants dont il ne s'occupe pas, absorbé qu'il est dans son monde adulte de soucis, d'absence d'humour et de plaisir, symbolisé par cet éternel téléphone cellulaire qui l'empêche justement de communiquer avec sa vraie vie. L'inévitable se produit donc: Hook, l'adversaire de naguère qu'il avait toujours refusé d'affronter, lui enlève d'un coup ses enfants pendant une nuit d'orage. C'est alors que Peter Pan devenu Peter Banning découvre qu'il aime ses enfants plus que tout, mais qu'il est impuissant à les recouvrer. Sa grand-mère, un peu fée sur les bords, l'incite à se rappeler, à retrouver son enfance, car c'est seulement en redevenant lui-même enfant, en *rappelant* son enfance, qu'il récupérera ses enfants. Il doit donc reconquérir son enfance, aventure très difficile, à cause de tous ses préjugés d'adulte: sa méfiance, son manque de simplicité, son souci continuel, sa prétention intellectuelle, sa raison excessive, son absence de foi et d'audace. Mais à force de s'y mettre, il retrouve cet esprit qui dort au fond de lui.

Il s'astreint à perdre du poids — symbole de son *épaisseur* d'esprit empâté dans le confort, l'habitude et le manque de créativité. Ainsi s'apprête-t-il à retrouver sa légèreté, sa souplesse d'esprit, son imagination. Puis, un jour, le miracle a lieu: il récupère sa conscience d'autrefois. Il se met à voler comme Peter Pan. Mais pour sauver ses enfants des griffes du puissant capitaine Hook, il doit affronter celui-ci dans un combat définitif — ce que le jeune Peter Pan n'avait jamais eu le courage de faire et qui l'avait empêché de devenir adulte. Ce n'est qu'en affrontant ses propres démons, ses ennemis intérieurs, ses bêtes cachées et refoulées qu'il pourra récupérer tout son être et retrouver sa liberté. (*Pan* en grec veut dire «tout».) Et c'est ce que fait le Peter Pan qui a appris à grandir, puisqu'il faut affronter l'ennemi en soi pour grandir.

Il redevient enfant pour rentrer dans le royaume. Le royaume de quoi? Ces symboles (Hook et ses cohortes, l'apprentissage difficile du rire, des larmes et du vol) veulent simplement suggérer que la spontanéité, la confiance dans la vie, l'absence de rationalisation, la capacité d'aimer sans s'attacher à rien, sont le fruit d'une conquête longue et difficile, une conquête semée de doute, de désespoir et d'échecs. Le royaume de cette terre jamais récupérée, *La Terre jamais atteinte* (*Never Never Land*), c'est un peu le Paradis perdu, celui que l'on ne peut réintégrer depuis que l'on s'en est détourné, ce qui dans l'histoire biblique est symbolisé par deux chérubins à l'épée foudroyante qui en défendent l'accès. Ces gardiens du Seuil sont en effet l'orgueil intellectuel, le déni et le doute, le contrôle, et finalement l'avoir. Ces gardiens flamboyants et terribles ne font pas semblant, ils sont bien réels et ne vivent pas du tout dans un conte de fée. Ils sont nos compagnons quotidiens et nous empêchent de reconquérir et d'habiter notre inconscient, notre inconnu.

*Il est vraiment impossible de vivre les promesses de l'enfance qui dorment comme une semence au fond de notre terre, si l'on ne consent pas à se fondre à cette terre, à s'y perdre comme le grain qui «tombé en terre» consent à mourir pour produire «au centuple».* Pour grandir de nouveau et aller jusqu'au bout de soi-même — ce qui n'a rien à voir avec le fait de devenir un adulte de grande taille — on doit apprendre à apprendre, à se faire enseigner par la vie, à ne pas savoir où cela nous mène. Cela me rappelle cette magnifique gravure de Picasso où une enfant de trois ans avec sa chandelle chancelante et faible montre le chemin à un taureau immense, puissant et plein de lui-même. L'enfance du cœur nous guide comme une faible étoile. C'est en nous (dans l'instant actuel et non dans notre passé) une capacité inusable de consentement à ce qui est. Et si cette attitude est maintenue avec vigilance, elle peut s'épanouir un jour en émerveillement.

# CHAPITRE 6

# L'éducation comme aventure spirituelle

## Une éducation nouvelle?

Depuis le rejet du collège classique, qui avait en partie provoqué la «révolution tranquille», le pays du Québec a eu du mal à se doter d'une éducation qui lui soit vraiment propre et unique. Il a plutôt cédé à une réaction adolescente dirigée contre les collèges des jésuites et a opté aveuglément pour un système américain déjà en voie de transformation.

Les ministères de l'Éducation, inspirés par une intelligentsia libre pensante, choisissaient de laisser tomber la formation classique comme l'un des bastions de la religion catholique, pour la remplacer par de l'*instruction*, par du «prêt-à-porter» intellectuel. En voulant s'adapter à tout prix à un ici et maintenant technologique et matérialiste, on a jeté le bébé avec l'eau du bain. Le bébé, ici, c'est la dimension spirituelle de l'être humain, l'eau du bain, une forme de religion sans doute périmée qu'il fallait bien évidemment dépasser.

C'était un sérieux manque de jugement, ou plutôt de vision, que d'avoir mis de côté des collèges tels que

Sainte-Marie et Saint-Laurent où chaque professeur vivait en fonction d'une vingtaine d'élèves à lui confiés. Ceux qui ont connu ou visité le collège Sainte-Marie à son apogée reconnaîtront que malgré la poussière des salles, le délabrement des chambres et l'éclairage blafard des corridors, il y avait une ferveur de ruche que l'on ne retrouvait nulle part ailleurs. Quelle créativité, quelle consécration! Cela du moins on n'allait pas le retrouver dans les institutions nouvelles que l'on avait décidé d'implanter désormais au Québec et qui s'appelleraient les cégeps! Le collège Sainte-Marie, c'était de la grande éducation. M. Girard était prof de maths, mais il enseignait simplement à devenir un homme, et aucun de ses élèves ne s'y trompait, aucun non plus n'allait oublier son enseignement, alors que leur mémoire perdait déjà ses logarithmes.

## La formation classique

Les collèges classiques n'étaient pas uniquement des pensionnats. Le collège Sainte-Marie était un externat, comme le collège Saint-Laurent. Mais ce n'est pas tellement le fait qu'ils aient été ou non des pensionnats qui compte, c'est que l'éducation y était perçue comme un contact continuel entre un professeur principal (qui assumait la charge du groupe d'élèves), accompagné par des professeurs dits secondaires. Et tous ces profs œuvraient toujours auprès de *classes formées* qui ne changeaient ni de nombre ni de participants. Ce contact continuel était bien sûr plus intense dans un pensionnat, parce que les profs (sauf les laïcs) habitaient dans la même maison que les élèves. Les élèves apprenaient à vivre dans une mini-société. Ils devaient apprendre à se défendre, à se présenter comme candidats aux diverses fonctions de la vie collégiale, apprendre à parler en public, à faire partie de divers organismes d'entraide, à participer aux activités culturelles (chorale, théâtre, expositions) et sportives. Les élèves formaient une famille, ils se connaissaient même entre diverses classes. Il y avait de la fierté, de la solidarité et le couronnement des finissants suscitait l'ambition et l'ardeur des plus jeunes.

## L'essence de l'éducation

Je ne voudrais pas cependant laisser croire que la formation classique ait été parfaite, loin de là! Mais je suis convaincu qu'on y a perdu l'essence de l'éducation, qui est *un rapport prolongé et assidu entre personnes qui apprennent ensemble*. Ce ne sont pas des personnes enseignant à d'autres, conçues comme inférieures, mais un groupe qui tout ensemble apprend la vie en se trompant, en se connaissant mieux, en s'acceptant et en s'aimant. On a voulu tout recommencer dans les années 60. On s'étonne ensuite de ne pas avoir de racines et de produire des élèves déracinés. Le collège Sainte-Marie durait depuis plus de 100 ans et l'on croit progresser en détruisant d'un seul trait tout un passé? Rejeter ou ignorer son passé crée des êtres vides qui demeurent adolescents. Même le sens de l'histoire s'était affaibli au Québec depuis les années 60! On y avait même cessé d'enseigner cette matière!

Ce n'est toutefois pas le sens de l'histoire qui me concerne ici tout d'abord. C'est le sens de la dimension intemporelle de l'être, *qu'il aurait fallu introduire dans la nouvelle éducation, plutôt que de simplement retrancher la religion de l'ancienne*. Cela eut été un réel progrès: remplacer la religion par l'expérience spirituelle. Car l'éducation, si elle veut être une réalité vivante, doit elle aussi passer par des revirements qui la remuent jusqu'aux racines. On en est resté au niveau des feuilles: entassements d'élèves par milliers dans des bâtisses immenses comme des baraquements d'armée pour remplacer les petites unités scolaires des écoles de rang, impossibilité pour chaque prof de connaître ce troupeau trop nombreux, incapacité pour les élèves de s'identifier à un seul groupe fréquenté avec une certaine continuité et d'être connu à fond par un prof qui en a la charge principale. Je ne crois pas que de l'éducation sérieuse puisse se faire quand on passe devant des douzaines de profs qui débitent chacun leur numéro, comme si les élèves étaient des cannettes de «coke» défilant en rangs serrés pour se faire remplir par des machines à production!

La plupart des enseignants se voient comme des cadres travaillant de 9 à 5. Un grand nombre manifestent peu d'intérêt pour les élèves qu'ils voient comme des moyens de renflouer leur ego et de s'assurer une sécurité durable. L'enseignement n'est plus perçu comme une occupation à temps complet qui exigerait une consécration de tout l'être. On a appris aux enseignants à ne pas enseigner avec toute leur personne. *On les appelle «corps enseignant», mais c'est surtout la tête qui enseigne!* Où se trouve le corps, les tripes, les émotions, le cœur, la foi? Ils transmettent des tronçons, des pièces détachées, des morceaux. Car ils n'ont pas de culture générale, pas d'autre culture que celle de leur spécialité. Or, la culture a deux dimensions: temporelle et spatiale — on est en relation avec les diverses cultures et façons de penser dans le temps et dans l'espace. On porte consciemment tout le passé et toute la sagesse du monde à mesure que l'on apprend et que l'on engrange de l'expérience. Aussi ces enseignants ne peuvent-ils enseigner à faire des liens puisqu'ils ne sont pas eux-mêmes reliés avec eux-mêmes. Ils sont, comme ils disent, bien branchés sur l'actualité, *mais sont-ils enracinés dans ce qui dure?*

## Une école de l'Esprit

J'ai enseigné pendant presque toute ma vie. Il y a très longtemps, j'ai eu l'idée de fonder une école où l'éducation serait plus complète. C'était dans mon esprit un lieu d'éducation et non simplement d'instruction. Comme on le sait, un ordinateur peut instruire mais il ne peut éduquer. Et les ordinateurs aujourd'hui disposent de toutes les connaissances nécessaires, ce qui nous dispense d'emmagasiner nous-mêmes toute cette somme de données *quantitatives*. Ce qu'il faut plutôt c'est faire éclore et ouvrir — cultiver — chacune des parties de l'être: le corps physique, le corps émotif, le corps mental et le fondement de l'être, sa dimension transcendante. Dans ma perspective, celle-ci était la clé de voûte, la valeur première, l'inspiratrice de toute l'aventure.

Le cours s'échelonnerait donc sur quatre niveaux

1. *La dimension spirituelle.* Une salle de méditation où tout le monde pratique une technique à fond; un journal personnel et une technique d'observation de soi; des vidéos présentant des sages; des conférences de maîtres qui sont de passage; des exposés et des discussions sur l'ego, les blocages, la voie spirituelle, la religion, le tout fondé sur les textes des grands maîtres spirituels.

2. *Le mental.* Cours de calcul et de tenue de livre; étude d'une science; la logique; cours d'aikido (pour la concentration unie à la détente); deux langues.

3. *L'émotif.* Musique, cinéma, peinture, chant, théâtre, en plus de cours sur les dépendances affectives et les passions.

4. *Le physique.* Gymnastique, ateliers de couture, de menuiserie, de mécanique, de cuisine (j'ai toujours déploré qu'élèves, nous ne sachions pas faire la cuisine, réparer un vêtement ou un moteur).

Bien sûr que l'élève (à partir de 12 ans) ne suivrait pas tous ces cours; il choisirait. Mais chacun serait tenu de suivre au moins deux cours dans chaque catégorie, sauf pour la dimension physique, où il devrait en suivre trois. La raison: produire un être *incarné*, complètement capable de se débrouiller sur le plan matériel, d'être autonome et pratique.

La performance et la compétition seraient découragées; l'accent serait mis sur la créativité, l'inventivité, l'esprit de groupe, l'entraide. Il y aurait, à cause de cela, beaucoup d'excursions, des expositions, du travail sur le tas, des visites à l'étranger, des projets auprès des démunis.

## Des enseignants qui apprennent

Les enseignants d'aujourd'hui ne veulent pas que leur *vie* soit leur enseignement. Ils veulent que ce soit leurs connaissances mentales, ou comme ils disent, leur compétence technique, c'est-à-dire leur tête. Ils ne veulent pas que leur vie soit engagée: ce qui se passe entre 16 heures et le cours du lendemain, entre leur cœur et leur sexualité, n'entre pas en ligne de compte. Comme ils sont eux-mêmes compartimentés, divisés, ils enseignent la compartimentation aux autres. Ils n'intègrent pas, par conséquent, ne cultivent pas.

Même une certaine télé accuse la priorité du mental, surtout dans les jeux-questionnaires si populaires. Des programmes comme *Génies en herbe* ou *Jeopardy* favorisent uniquement la performance de la mémoire. Il s'agit de rivaliser avec l'ordinateur, devenu le modèle de *l'intelligence*. Mais qu'avons-nous besoin de retenir et de célébrer toutes ces connaissances encombrantes dont s'occupe si merveilleusement bien la machine? *Le génie n'est justement pas de la mémoire mais de la créativité:* savoir se tirer d'une difficulté, inventer une réponse encore inexistante, donc qui ne se mémorise pas, qui ne se répète pas, savoir suivre une intuition jusqu'au bout, parvenir à exprimer ce qu'il y a de caché en nous. Ce serait là le terrain du génie — celui que l'on retrouve si heureusement dans *La Course autour du monde*, où les participants sont poussés à créer sur place et de toutes leurs ressources un film quelque part dans le monde qu'ils ne connaissent pas. Voilà de la bonne, de la grande éducation!

## Des enfants qui aiment leur matière

Tous les enfants du monde aiment apprendre. L'être humain est le seul animal qui peut apprendre sans relâche, qui peut croître sans cesse. La vie l'invite à le faire chaque jour et il est conçu exprès pour cela. Mais pour un humain, croître, inventer, découvrir sont des ressorts tendus par l'amour et l'enthousiasme. Si l'enfant ne fait pas quelque chose qu'il aime, ne mange pas quelque chose qu'il aime, ne ressent pas quelque chose qu'il aime ou n'est pas avec quelque chose ou quelqu'un qu'il aime, il sera détourné de la vie, dégoûté, délinquant — suicidaire même.

Eh bien! on a réussi à faire en sorte que les enfants s'ennuient et s'écœurent à l'école. Mais dans leur autosatisfaction mentale, les enseignants se fichent bien de ce que les enfants n'aiment plus l'école, n'aiment plus apprendre. Ils ont cessé d'écouter la nature et maintenant c'est elle qui ne les écoute plus.

Lorsque l'enseignant n'aime pas lui-même apprendre — je dis bien *apprendre* (on pense habituellement le contraire justement: que le prof est celui qui n'a plus besoin d'apprendre) — il cesse de pouvoir enseigner, il répète, il étouffe la créativité de l'enfant. Il n'est plus ouvert à l'inconnu, intuitif, créatif, il n'invente plus sa vie et ses réponses: il «performe» et exige la même chose des autres. «*L'enseignant le meilleur est celui qui s'est*

*lus que d'autres, mais qui sait mieux que qui-*
*conque apprendre de ses erreurs.»* Il est impossible que
l'enseignant puisse éveiller s'il ne se tient pas lui-même
éveillé, s'il n'est plus en amour avec lui-même et avec la
vie, s'il n'a plus d'enfant en lui. Et il est par conséquent
impossible que l'enfant aime apprendre s'il ne peut apprendre ce qu'il aime.

## Des enseignants qui aiment

Il faudra donc tout d'abord trouver des femmes et
des hommes qui soient en amour avec la vie, avec leur
propre vie, des personnes dont la capacité de croître soit
demeurée ouverte. Je propose donc d'engager non pas
tout d'abord des gens compétents — des techniciens —
mais des personnes qui aiment — des gens de 40 ans, des
aînés, des personnes même âgées, mais qui sont restées
ouvertes, jeunes, par leur capacité d'apprendre. Ces gens
seront donc ouverts au spirituel et la vie spirituelle aura
si bien imprégné leur vie que les divers niveaux de leur
être baigneront dans une expérience spirituelle. L'expérience spirituelle les aura unifiés, intégrés, harmonisés.
Voilà les critères que l'on pourrait favoriser et que dans
mon école idéale j'aurais privilégiés.

Comme ces personnes aimeraient les enfants, elles
les amèneraient naturellement vers ce que les enfants
aiment. *Elles n'auraient rien à prouver, aucune image à
projeter sur la société, aucun ego à dorer.* Il n'y aurait
plus dans les cadres, de ces adolescents attardés en mal de
se faire un nom.

## Un lieu de croissance spirituelle

L'école que j'imagine doit être un lieu où l'on apprend tout d'abord à se connaître, à se découvrir *soi-
même* à partir du corps jusqu'à l'Esprit. Chaque élève —

cela est aujourd'hui possible — choisira un sujet qu'il aime, une chose qu'il aime faire et apprendre, que ce soit la musique, la mécanique, la mode, l'ordinateur, la moto, les plantes, les insectes, l'eau, la forêt, l'aéronautique. *Tout ce qu'il est possible d'apprendre peut allumer chez l'enfant le goût d'aller au bout de lui-même. Tout peut servir de point d'entrée; l'important c'est qu'il commence par faire quelque chose qu'il aime.* Car sur cela tout le reste peut ensuite se greffer — discipline, apprentissages parallèles, culture complémentaire. Sans amour, pas de croissance possible.

Le modèle d'école que j'ai ici esquissé pourrait servir de point de départ. Mais si je ne me fais aucune illusion quant à la possibilité pour les systèmes en place d'accepter un virage aussi radical, je maintiens avec la dernière conviction que si le système de contrôle et de manipulation qu'est devenue l'éducation se perpétue, nous aurons bientôt produit des êtres qui n'arriveront plus à devenir adultes, qui ne parviendront plus à intégrer leurs émotions et leurs idées, et surtout, des êtres qui seront sans aucune racine spirituelle.

Or, au Québec, nous avons tout ce qu'il faut pour créer des êtres éveillés et conscients, capables de vivre à fond leur vie et de créer leur propre aventure. Il n'est pas de peuple d'un naturel plus créateur et inventif, plus capable de se prendre en main et de se définir sans référence aux autres, de développer à fond ses possibilités. Il suffirait qu'on laisse les jeunes Québécois cultiver ce qu'ils aiment et qu'on leur fournisse un milieu où des personnes avec un vécu spirituel et un vécu tout court les aident à s'ouvrir à l'école de l'Esprit.

# DEUXIÈME PARTIE

# L'expression toujours actuelle de l'Esprit

*La vérité est parfaite et complète en elle-même. Ce n'est pas quelque chose d'une découverte récente; elle a toujours existé.*

Dōgen, XIII<sup>e</sup> siècle

Bernadette Roberts

# CHAPITRE 7

# Textes mystiques d'hier et d'aujourd'hui

## Upanishads

textes des sages de l'Inde
entre le VIII$^e$ et le V$^e$ siècle avant notre ère

L'œil ne peut voir. Cela, la langue ne peut l'exprimer, l'esprit ne peut le saisir. Il n'y a pas moyen de l'apprendre ou de l'enseigner. Cela est différent du connu, au-delà de l'inconnu. En cela tous les anciens maîtres s'entendent. Cela qui fait parler la langue mais qui ne peut être connu par la langue — cela seul est Dieu, et non ce que les gens adorent. Cela qui fait penser l'esprit, mais qui ne peut être pensé par l'esprit — cela seul est Dieu, et non ce que les gens adorent.

Cela qui fait que l'oreille entend mais qui ne peut être entendu par l'oreille — cela est Dieu, et non ce que les gens adorent.

Si vous pensez que vous connaissez Dieu, vous en savez très peu; tout ce que vous pouvez savoir sont les idées et les images qui se rapportent à Dieu.

# Chuang Tsu

sage taoïste
IV<sup>e</sup> siècle av. J.-C.

Si la voie est rendue claire, ce n'est pas la voie... Comprenez alors que la compréhension qui se repose dans ce qu'elle ne comprend pas est la meilleure.

# Philon

sage juif
20 av. J.-C. — 50 de notre ère

Si quelqu'un a expérimenté la sagesse qui ne peut être entendue que de soi-même, apprise de soi-même et créée à partir de soi-même, il ne fait pas que participer au rire: il devient le rire même... Quand l'homme juste cherche la nature de toutes choses, il fait sa propre découverte admirable, que tout est grâce de Dieu. (Tiré de Stephen Mitchell, *The Enlightened Mind, An Anthology of Sacred Prose*.)

# Grégoire de Nysse

père fondateur de l'Église romaine
331-395

La voie qui mène à la connaissance de la nature divine est inaccessible à notre raison.

# Isaac de Ninive

ermite syrien
VI<sup>e</sup> siècle

Quand nous nous fions à Dieu de tout notre cœur, nous n'emplissons pas nos prières de «donne-moi ceci» ou «enlève-moi cela». Nous ne pensons même pas à nous lorsque nous prions.

Lorsqu'un homme humble est complètement caché à lui-même au fond de lui-même, il est complètement avec Dieu.

## Mahomet
### prophète arabe, fondateur de l'islam
### 570-632

Mon serviteur ne cesse de m'approcher aussi longtemps que je l'aime; et quand je l'aime, je suis la vue avec laquelle il voit et l'ouïe avec laquelle il entend et la main avec laquelle il reçoit et le pied avec quoi il marche. (...) La vraie religion est lâcher-prise.

## Shankara
### sage de l'Inde, fondateur du vedanta non dualiste
### 686-718

Demeurez absorbé dans la joie qui est silence. Cet état de silence est l'état de la paix totale, où l'intellect cesse de s'occuper du non-réel. Dans ce silence, la grande âme qui sait et qui est une avec Brahman jouit sans cesse d'une béatitude sans mélange.

(...)

L'homme de contemplation semble être un individu, mais il est présent en toutes choses, partout.

## Hui-hai
### maître zen chinois
### VIII<sup>e</sup> siècle

Il n'est pas une seule chose qui puisse être saisie. (...) Ne cherchez pas la vérité avec votre intellect. Ne cherchez pas du tout. La nature de l'esprit est intrinsèquement pure.

## Huang-Po
### maître zen chinois
### IX<sup>e</sup> siècle

L'esprit unique est le Bouddha, et il n'est pas de distinction entre le Bouddha et les êtres ordinaires, sauf que les êtres ordinaires sont attachés aux formes et cherchent donc l'état de Bouddha en dehors d'eux. En cherchant ainsi, ils le perdent, puisqu'ils se servent du Bouddha pour le chercher, utilisant l'esprit pour chercher l'esprit... Ils ne savent pas que tout ce qu'ils ont à faire c'est arrêter la pensée conceptuelle. S'ils pouvaient éliminer la pensée conceptuelle, cette source apparaîtrait comme le soleil montant dans le ciel vide.

## Bistami
### soufi persan
### IX<sup>e</sup> siècle

Je me dépouillai de mon je comme une couleuvre se défait de sa peau. Ensuite je regardai en moi et je vis que j'étais Lui.

...

Comme je ne suis plus, Dieu est son propre miroir. Il parle par ma langue, et j'ai disparu.<sup>*</sup>

...

Oubli de soi est rappel de Dieu.

## Yun-Men
### maître zen chinois
### X<sup>e</sup> siècle

Que peuvent faire ceux qui enseignent? S'ils ne savent pas par eux-mêmes, ils ne font qu'avaler la salive des autres...

---

\*     Voir certains passages de Bernadette Roberts.

Personne ne peut le faire à votre place... Le maître ne peut que rendre témoignage. Si vous avez atteint quelque chose à l'intérieur, il ne peut vous le cacher; si vous n'avez rien atteint, il ne peut le trouver pour vous. (Tiré de Stephen Mitchell, *The Enlightened Mind*.)

## Abu lbn Abil-Khayr
mystique persan
967-1049

Ces âmes (qui sont en Dieu) se connaissent entre elles par l'odeur, comme les chevaux. Alors qu'une se trouve dans l'Est et l'autre dans l'Ouest, elles éprouvent quand même confort et joie dans la parole de l'autre, et l'une qui vit plus tard est instruite et consolée par les paroles de son amie passée... Le vrai homme de Dieu s'asseoit au milieu des siens, se lève et mange et dort et se marie et achète et vend et donne et prend dans les bazars et passe ses jours avec les autres, cependant pas un seul moment il n'oublie Dieu.

## Dōgen
maître zen japonais
1200-1253

La vérité est parfaite et complète en elle-même. Ce n'est pas quelque chose d'une découverte récente; elle a toujours existé.

La vérité n'est pas loin; elle est plus proche que proche. Il n'est pas nécessaire de l'atteindre, puisque aucun de vos pas ne s'en éloigne.

Ne suivez pas le conseil des autres; plutôt, apprenez à écouter la voix en vous. Votre corps et votre esprit deviendront un, et vous saisirez l'unité de toutes choses.

Même le moindre mouvement de votre pensée conceptuelle va vous empêcher d'entrer dans le palais de la sagesse.

...

Quand vous aurez relié toutes vos conceptions au sujet de l'esprit et du corps, la personne originelle apparaîtra, dans sa plénitude. (Tiré de Stephen Mitchell, *The Enlightened Mind.*)

## Maître Eckhart
### mystique rhénan, dominicain
### 1260-1327

Si un homme veut être vraiment pauvre, il doit être vide de sa volonté créée comme il l'était avant d'exister. Car je vous le dis, selon l'éternelle vérité, aussi longtemps que vous avez la volonté d'accomplir la volonté de Dieu, et le désir d'éternité et de Dieu, vous n'êtes pas vraiment pauvre.

## Le Nuage d'inconnaissance
### auteur anonyme, moine anglais
### fin XIVe siècle

Quand vous commencez, vous ne sentez qu'une noirceur et comme un nuage d'inconnaissance, vous ne savez rien exactement sauf que vous sentez dans votre volonté une inclination nue vers Dieu. Cette noirceur et ce nuage, quoi que vous fassiez, sont entre vous et votre Dieu, et vous empêchent de Le voir clairement à la lumière de votre raison et de Le sentir dans votre affection. Préparez-vous donc à demeurer dans cette noirceur aussi longtemps qu'il vous faut...

Et je vous dis que dans ce travail il ne vous profite pas de penser à la bonté ou à la valeur de Dieu... Il est beaucoup mieux de penser à l'être nu de Dieu et de l'aimer et de le louer pour lui-même... Je veux abandonner tout ce à quoi je peux penser, et choisir pour mon amour cette chose que je ne peux penser.

## Sharafuddin Maneri
### soufi indien
### 1263-1381

Quand «toi» et «moi» aurons passé, Dieu seul demeurera. (...) À cause de cet oubli, toute conscience de soi est perdue... On ne sait plus si l'on existe ou pas... Ici, «tout périt sauf Son essence». Ici, est Dieu seul rencontré face à face. (Tous les textes précédents sont tirés de Stephen Mitchell, *The Enlightened Mind*.)

## Gérard Groote
### fondateur de la Fraternité de la vie commune, Pays-Bas
### 1340-1384

Les émotions sont enchaînées par plusieurs choses et, étant ainsi liées, elles deviennent esclaves. De telles émotions, en empoisonnant l'âme, résistent à la paix du cœur et au silence de l'esprit, qui est souvent troublé par les soucis dus à ces attaches.

(...)

Plusieurs restent où ils sont parce qu'ils ne voient pas derrière les rôles qu'ils jouent et parce qu'ils ne veillent pas constamment sur eux-mêmes. (*Tractatus de Cotidiano Holocausto*, cité par Jacob Needleman *in Timeless Visions, Healing Voices*.)

## Baruch Spinoza
sage juif hollandais
1633-1677

Celui qui clairement et distinctement se comprend lui-même et ses émotions aime Dieu, et cela d'autant plus qu'il se comprend davantage lui-même et ses émotions.

...

Dieu est sans passion et n'est pas affecté par aucune émotion de plaisir ou de peine...

Le sage..., pour autant qu'il est considéré comme tel, n'est guère troublé en esprit, mais, étant conscient de lui-même, de Dieu et des choses, par une nécessité éternelle, il ne cesse jamais d'être, mais possède toujours une véritable sérénité d'esprit. Si la voie que j'ai tracée comme menant à ce résultat semble très dure, elle peut néanmoins être trouvée. Elle doit être dure, puisqu'elle est si rarement trouvée. Car si la vraie liberté était facilement accessible et si l'on pouvait la trouver sans grand effort, comment alors serait-elle si négligée par presque tous? Mais toutes choses excellentes sont aussi difficiles qu'elles sont rares.

## Dov Baer de Mezritch
rabbin juif ukrainien
*ca* 1770

Je t'enseignerai la meilleure façon de dire la *Torah*. Tu dois n'être qu'une oreille qui entend ce que l'univers de la parole dit constamment en toi. Lorsque tu commences à entendre ce que tu es en train de dire toi-même, tu dois arrêter.

## Schmelke de Niolsburg
### rabbin juif morave
### *ca* 1770

Aime ton prochain comme quelque chose que tu es toi-même. Car toutes les âmes sont une. Chacune est une étincelle de l'âme originelle, et cette âme est totalement présente dans toutes les âmes, tout comme ton âme est présente à tous les membres de ton corps.

## Yehiel Mikhal de Zlotchov
### rabbin juif polonais
### *ca* 1780

Si, par amour pour Dieu, les hommes pensent qu'ils ne sont rien, et s'attachent à lui de tous les pouvoirs de leur esprit, ils sont très grands, puisque la branche est venue à la racine et s'est faite une avec elle. La racine est l'Infini et par conséquent la branche l'est aussi. Elle a perdu sa propre existence, comme une goutte tombée dans la grande mer et qui fait un avec celle-ci et ne peut plus être reconnue comme chose séparée.

## William Blake
### poète et mystique anglais
### 1757-1827

Sans contraires, il n'est pas d'avancement. Attraction et répulsion, raison et énergie, amour et haine, sont nécessaires à l'existence humaine.

De ces contraires surgissent ce qu'en religion on appelle Bien et Mal. Le Bien est le passif qui obéit à la Raison; le Mal est l'actif surgissant de l'Énergie. Le Bien est Ciel; le Mal est Enfer.

Toutes les bibles ont causé les erreurs suivantes:

1. Que l'homme a deux principes réels, un corps et une âme.

2. Que l'Énergie, appelée Mal, ne vient que du Corps, et que la Raison, appelée Bien, ne vient que de l'Âme.

3. Que Dieu tourmentera l'Homme dans l'Éternité parce qu'il aura suivi ses Énergies.

Mais sont vraies les affirmations contraires à celles-ci:

1. L'Homme n'a pas de Corps distinct de son Âme; car ce qui s'appelle Corps est une portion de l'Âme discernée par les cinq sens, qui sont les entrées principales dans l'âme en ce monde-ci.

2. L'Énergie est la seule vie et vient du Corps, alors que la Raison est la limite et le contour extérieur de l'Énergie.

3. L'Énergie est délice éternel.

## Ralph Waldo Emerson
poète américain
1803-1882

Ces roses sous ma fenêtre ne font aucune allusion aux roses antérieures ou à des roses meilleures; elles sont ce qu'elles sont; elles existent avec Dieu aujourd'hui. Il n'y a pas de temps pour elles. Il y a simplement la rose; elle est parfaite en chaque instant de son existence... Alors que l'homme remet à plus tard ou se souvient; il ne vit pas au présent, mais avec un regard vers l'arrière il regrette le passé, ou sans se soucier des richesses qui l'entourent, se tient sur la pointe des pieds pour prévoir l'avenir. Il ne peut être heureux et fort aussi longtemps qu'il ne vit pas lui aussi avec la nature au présent au-dessus du temps.

# Rainer Maria Rilke
poète allemand
1875-1926

J'aimerais vous supplier d'avoir patience avec tout ce qui n'est pas dénoué dans votre cœur et d'essayer d'aimer *les questions elles-mêmes* comme si elles étaient des chambres scellées ou des livres écrits en langue étrangère. Ne cherchez pas les réponses, qui ne pourraient maintenant vous être données; parce que vous seriez incapable de les vivre. Et ce qui importe c'est de tout vivre. Vivez les questions maintenant. Peut-être qu'ainsi, un jour, dans un futur lointain, sans vous en apercevoir, vous allez, simplement en vivant, entrer dans la réponse.

...

Ce qui est compréhensible s'échappe, est transformé; à la place de la possession, on apprend à entrer en relation, et il s'élève une incapacité de nommer qui doit commencer de nouveau dans nos relations avec Dieu, si nous voulons être entier et ne pas fuir.

...

Il me semble de plus en plus que notre connaissance ordinaire habite le sommet d'une pyramide dont la base en nous s'étend au point que plus nous pouvons nous y laisser descendre, plus complètement nous semblons inclus dans les réalités de l'existence terrestre, et même cosmique, qui ne dépendent pas du temps et de l'espace...

Dès ma tendre enfance, j'ai senti l'intuition qu'à une intersection plus profonde de cette pyramide de connaissance, le fait d'*être* simplement peut devenir... une présence inviolable et une simultanéité de tout... (Textes tirés de Stephen Mitchell, *The Enlightened Mind*.)

# Juan Ramón Jiménez

poète d'Amérique du Sud
1881-1957

Je ne suis pas moi.
Je suis celui-ci marchant à côté de moi et que je ne
vois pas,
Que parfois je parviens à visiter, et que d'autres fois
j'oublie;
Qui demeure calme et silencieux pendant que je parle,
Et qui pardonne, doucement, lorsque je hais,
Qui marche où je ne suis pas,
Et qui demeurera debout quand je mourrai.


# Etty Hillesum

mystique juive hollandaise,
brûlée à Auschwitz sans avoir jamais appartenu à une religion
ni avoir connu aucun guide religieux
(1914-1943)

Voilà peut-être ce qui exprime le plus parfaitement mon
sentiment de la vie: je me recueille en moi-même. Et ce
«moi-même», cette couche la plus profonde et la plus
riche en moi où je me recueille, je l'appelle «Dieu».

(...)

Tout ce qu'on peut faire, c'est de rester humblement
disponible pour que l'époque fasse de vous un champ de
bataille.

(...)

Bon, on veut notre extermination complète: cette certi-
tude nouvelle, je l'accepte. Je le sais maintenant, je n'im-
poserai pas aux autres mes angoisses et je me garderai de
toute rancœur s'ils ne comprennent ce qui nous arrive à
nous, les Juifs... Je trouve la vie pleine de sens, oui,
pleine de sens malgré tout, même si j'ose à peine le dire
en société.

... La sensation très nette qu'en dépit de toutes les souffrances infligées et de toutes les injustices commises, je ne parviens pas à haïr les hommes. Et que toutes les horreurs et les atrocités perpétuées ne constituent pas une menace mystérieuse et lointaine, extérieure à nous, mais qu'elles sont toutes proches de nous et émanent de nous-mêmes, êtres humains. (...) Quand on a une vie intérieure, peu importe, sans doute, de quel côté des grilles d'un camp on se trouve.

(...) J'ai déjà subi mille morts dans mille camps de concentration. Tout m'est connu, aucune information nouvelle ne m'angoisse plus. D'une façon ou d'une autre, je sais déjà tout. Et pourtant je trouve cette vie belle et riche de sens. À chaque instant.

(...)

Tous les jours je suis auprès des affamés, des persécutés et des mourants, mais je suis aussi près du jasmin et de ce pan de ciel bleu derrière ma fenêtre, il y a place pour tout dans la vie. Pour la foi en Dieu et pour une mort lamentable.

(...) Je suis prête à tout accepter... prête aussi à témoigner à travers toutes les situations et jusqu'à la mort, de la beauté et du sens de cette vie.

(...)

Je te suis si reconnaissante, mon Dieu, d'avoir choisi mon cœur, en cette époque, pour lui faire subir tout ce qu'il a subi... J'ai appris qu'en supportant toutes les épreuves, on peut les tourner en bien.

(...)

On voudrait être un baume versé sur tant de plaies. (*Une vie bouleversée: journal 1941-1943.*)

# Thomas Merton

moine trappiste américain né en France et mort à Bangkok
1915-1968

À chaque tournant, nous revenons à la grande question, qui est la question de la personne comme vide et non comme individu... Je ne connais aucun Occidental qui ait traité de la personne de façon à faire clairement voir que ce qui est le plus nous-même est ce qui est le moins nous-même, ou mieux, en sens inverse: c'est le vide qui est notre personnalité, ce n'est pas notre individualité qui, elle, semble être concrète et définie et présente, etc. C'est ce qui n'est apparemment pas présent, le vide, qui est vraiment Je. Et le «je» qui semble être Je est vraiment un vide. Mais l'Occident est tellement habitué à identifier la personne à l'individu et le Je profond avec le je empirique... que la vérité de fond n'est jamais aperçue. C'est le non-je qui est avant tout le Je en chacun de nous. Mais nous sommes complètement esclaves du je illusoire qui n'est pas Je, et ne peut jamais l'être, sauf dans un sens purement fictif et social. (...) Et il n'est pas de division entre le je de surface et le vrai Je. Il n'existe que le Vide qui est Je, recouvert d'un moi apparent. Et lorsque le je apparent est reconnu comme vide, il n'a plus besoin d'être rejeté, *car il est Je.* Que c'est merveilleux d'être en vie dans un tel monde de folie et de simplicité![*] (Lettre datée du 31 janvier 1965, tirée de *The Hidden Ground of Love [Letters on Religious Experience and Social Concern]*).

---

[*] Voir à ce sujet les textes de Bernadette Roberts, plus loin dans le livre.

# Henri Le Saux
moine bénédictin français qui fit l'expérience du
Vedanta en Inde
1910-1973

On ne va pas en solitude pour trouver Dieu. On va au désert car il n'est plus de Dieu, et c'est Dieu qui se fait seul. Si au désert il y avait encore Dieu et moi, ce ne serait pas le désert. Au désert, je me suis perdu et je ne suis plus capable de retrouver mes traces vers moi. Et au désert, j'ai perdu *le* Dieu que *je* cherchais, et je ne sais plus retrouver les traces ni de lui ni de moi (6 février 1965).

La pensée peut-elle découvrir Dieu? Dieu est au-delà. La pensée ne le peut embrasser. Elle peut tout au plus dire qu'il y a un au-delà d'elle-même (1964).

Dieu n'est pas au-dehors, il est mon fond (1$^{er}$ mai, 1964).

La solitude de qui a trouvé Dieu. Car il n'y a plus de Dieu avec qui être... c'est Soi qu'il trouve partout (9 décembre 1971).

L'Éveil c'est paradoxalement: s'éveiller à cet au-delà, et s'endormir à soi, à l'en-deça. (...) L'Éveil... c'est justement se perdre, s'oublier (12 septembre 1973). (*La Montée au fond du cœur.*)

# Karlfried Graf Dürckheim
maître allemand d'inspiration à la fois zen et chrétienne
1896-1988

Et soudain! cela arriva!... J'écoutais et l'éclair me traversa... Le voile se déchira, j'étais éveillé! Je venais de faire l'expérience de «Cela». Tout existait et n'existait pas, ce monde et à travers celui-ci la percée d'une autre Réalité... Moi-même j'existais et je n'existais pas. (...) Je sentais que j'étais rempli d'une chose extraordinaire, immense, qui me remplissait de joie et en même temps me plongeait dans un grand silence. (...) Et depuis, je crois que cela ne m'a jamais quitté. (Alphonse Gœttmann, Graf Dürckheim, *Dialogue sur le chemin initiatique.*)

Je me souviens très bien du moment où pour la première fois j'ai vraiment pensé à ma mort. C'est exactement le moment où j'ai pu tirer les racines de la vie véritable! Au fond c'est toujours la mort, considérée par le moi existentiel (quotidien) comme étant l'ennemi par excellence, qui est l'amie qui vous prend par la main pour vous conduire sur le seuil d'une Vie beaucoup plus grande. En envisageant la mort, comme ça, on peut comprendre que pendant toute la durée de notre existence la même loi se répète. Prenez les expériences de l'Être dont je parle, elles présupposent toujours une mort du moi. Sans ce passage à travers le néant il n'y a pas d'ouverture sur un autre plan, sur une autre réalité. Ainsi toute notre vie devient une sorte de préparation à la mort, quoi que soit la *mort*. Il nous faut apprendre à lâcher-prise. Si vous êtes *un* avec une chose qui vous appartient, ou que vous croyez vous appartenir, alors, vous séparer d'elle représente une mort. C'est comme vous séparer d'une peau qui fait partie de vous-même. La fin d'une relation, quelle qu'elle soit, toujours représente une mort. C'est alors que le moi doit mourir afin que, ce avec quoi il était un puisse se développer! C'est un point de vue qui n'a pas de limites. Et personnellement, je considère cette découverte et l'exercice du lâcher-prise compris de cette façon comme étant ce qu'il y a de plus important sur le chemin. Parce que cela signifie qu'on enlève tout le temps ce qui bloque, ce qui entrave le chemin du développement intérieur. Soyez sûr que cela donne une profondeur beaucoup plus grande à la vie et que cela conduit à la joie de vivre. (À Jacques Castermane, le 7 octobre 1969, 20 ans avant la mort de Dürckheim, dans *Question de*, n° 81.)

Être en accord avec l'Être ne signifie pas être dans un état de perfection. Vouloir atteindre la perfection est une erreur que ne doit pas commettre celui qui est en chemin. Notre vérité est souvent assez misérable, en rapport avec notre idéal. Être relié à la Transcendance ne signifie pas que nous réalisons de manière parfaite «ce que doit être un homme», mais savoir la force de nous voir dans notre vérité du moment. La Transcendance ne se manifeste pas quand nous dépassons le niveau humain mais précisément là où nous reconnaissons ce niveau humain, lorsque nous reconnaissons notre faiblesse. («La transparence à l'Être», dans *Terre du Ciel*, n° 9.)

(...)

M'importe moins ce que l'homme est que ce qu'il devient.

...

Il ne s'agit... pas de toujours montrer ce que nous ressentons mais d'être conscient de ce que nous ressentons au fond de nous-même.

(...)

Si cela ne te tue pas, cela te fera grandir. (*Terre du ciel.*)

## Jacob Needleman
### philosophe et sage américain
### contemporain

Les enseignements de toutes les grandes traditions disent la même chose. «Cela» est en nous, mais nous en sommes séparés. Il y a en nous une sorte d'esprit qui est fait pour agir comme serviteur, ou instrument de quelque chose de plus élevé. Notre intellect cérébral ordinaire est davantage comme un ordinateur, mais il a été confondu avec le véritable esprit. Platon et Socrate essaient d'amener l'intellect vers un arrêt total, de sorte qu'il s'enlèvera du chemin et nous permettra de revenir à l'autre esprit.

(...)

L'amour c'est l'attention sans attente. («The Heart of Philosophy», *in Timeless Visions, Healing Voices.*)

L'ego est bien plus que la simple vanité dans ses formes évidentes. C'est la croyance dans notre capacité de faire, d'être en sécurité, heureux, et comblé par nos propres efforts — sans le secours d'une influence supérieure.

(...)

Les grands penseurs spirituels et les grands enseignants du passé, à toute époque et partout où l'être humain a vécu, parlent de celui-ci comme de quelqu'un qui n'est pas seulement cet être cupide, gauche, cruel et inconscient qu'il semble être si souvent, mais comme quelqu'un qui est aussi un être d'une immense signification cosmique, un être fait pour jouer un rôle d'une importance unique dans un plan universel. Nous avons besoin d'écouter plus attentivement ce que ces maîtres nous disent à propos de ce que nous les humains sommes vraiment. (*Money and the Meaning of Life.*)

(...)

«Se rappeler le vrai je n'est pas un acte mental ou émotif ou physique. Le vrai je ne regarde pas l'argent, le sexe ou le temps. Mais c'est l'ego qui s'invente à partir de ces choses. Si vous pouvez trouver les conditions et les compagnons par quoi vous apprendrez comment l'ego continue de s'inventer, vous aurez compris... Vous avez étudié les anciennes traditions, mais aucun livre ne peut vous donner l'expérience directe de la façon dont l'ego s'invente, dont il se sert des choses matérielles, des idées et des énergies, pour continuellement s'imaginer.

«(...) Il y a dans l'homme un désir qui ne vient pas de l'ego, qui n'est pas inventé par lui. C'est une énergie, un mouvement qui existe hors du temps linéaire. Ce n'est qu'au moment où vous êtes prêt à expérimenter la déconfiture totale de l'ego sans la moindre pulsion pour le rétablir, alors seulement sentirez-vous le désir du vrai je.

(...)

«Il y a une action, une permission, un lâcher-prise intérieur, qui a toujours été l'héritage de chaque humain. L'ego l'expérimente comme une sorte de blocage, un silence particulier. À ce moment, vous *savez* que vous êtes sur terre et vous savez que, tel que vous êtes, vous ne pouvez servir. Vous savez que vous devez changer votre vie et que cela ne peut se faire qu'en cherchant des conditions et des compagnons qui soutiendront ce moment d'ouverture.

«Sur la base de ce moment, une nouvelle intention entre dans la vie, une nouvelle moralité. C'est la moralité de la quête. Tout ce qui soutient cette recherche est bon; tout ce qui l'empêche est mauvais. On commence à comprendre que ce n'est que par cette ouverture que l'on peut aimer comme l'on désire aimer et comme on en a entendu parler dans les enseignements des maîtres. Alors, vraiment, le monde et la vie dans ce monde, avec tous ses plaisirs et ses peines, avec toutes ses obligations et ses difficultés — ce monde même dans lequel vous et moi vivons maintenant — ce monde devient notre monastère.» (Anonyme, cité dans *Money and the Meaning of Life*.)

## Christiane Singer
### écrivaine française
### contemporaine

Derrière le paravent des mots, des concepts, des arguments, commence une réalité qu'aucun esprit n'a jamais pu rencontrer ni saisir et que, seuls, des yeux — vidés d'images, clarifiés — reflètent soudain.

(...)

À l'instant où cesse en moi toute représentation — toute idée *sur* les choses, les voilà qui apparaissent dans leur évidence impérieuse, leur vide lumineux.

(...)

Ne pas fuir, mais oser rester, à l'endroit où je suis interpellée, à cet endroit où tombent tous les masques, où tout ce que je n'aurais jamais pu croire s'avère être en moi, tous les démons déferlent dans la vie, la jalousie, l'envie de meurtre, l'autodestruction. Et je reste là et je regarde.

(...) S'asseoir au milieu du désastre, et devenir témoin, réveiller en soi cet allié qui n'est autre que le noyau divin en nous.

(...)

Ces catastrophes qui ne sont là que pour éviter le pire! Il peut vraiment paraître très cynique de parler ainsi. J'ai connu cette période où lorsqu'on entend une chose pareille, et que l'on est soi-même plongé dans un désespoir très profond, ce cynisme paraît insupportable. Et pourtant quand on a commencé à percevoir que la vie est un pèlerinage, et qu'à une étape de ce pèlerinage on regarde en arrière, on s'aperçoit vraiment que les femmes, les hommes qui nous ont le plus fait souffrir sur cette terre, sont nos maîtres véritables, et que les souffrances, les désespoirs, les maladies, les deuils, ont été vraiment nos sœurs et nos frères sur le chemin.

(...)

Les crises, dans la société où nous vivons, elles sont vraiment ce qu'on a encore trouvé de mieux, à défaut de maître, quand on n'en a pas à portée de la main, pour entrer dans l'autre dimension. Celui qui s'est mis en marche n'est pas celui qui reviendra. («Du bon usage des crises», *in Terre du Ciel*, n° 9.)

## David Steindl-Rast
### moine bénédictin américain
### contemporain

En 1965, Steindl-Rast rencontra le moine bouddhiste Eido Tai Shimano de la Société d'études zen de New York. «Quand nous nous sommes rencontrés, il était clair pour nous deux que, malgré toutes nos différences culturelles, nous parlions un seul langage.»

(...)

Si c'est une voie avec cœur, ça commence dans le cœur humain. Je n'ai jamais rencontré un être humain durant tous mes voyages — et j'ai beaucoup voyagé, passant du temps aussi avec des peuples amérindiens, des Aborigènes d'Australie et avec des Maoris de Nouvelle-Zélande — qui m'ait fait le moindrement douter que dans le centre de nos cœurs nous sommes tous un. Non pas simplement semblables, mais un; il n'y a qu'un seul cœur humain.

Et c'est là que la voie commence. Elle commence lorsque nous découvrons, d'une façon ou d'une autre, ce profond sentiment d'appartenance. Vous pourriez l'appeler fusion unifiante ou unité cosmique.

(...)

La vraie prière, c'est une conscience profonde de notre appartenance sans limites — à soi, aux autres, à l'univers, à Dieu, à la réalité ultime. («Seeking the Heart of Prayer», *in Timeless Visions, Healing Voices*.)


## Jean Klein
### maître spirituel
### contemporain

Nous intervenons parce que nous pensons qu'il y a quelque chose à atteindre. Mais en réalité, ce que nous *sommes* fondamentalement ce n'est rien à obtenir, rien à atteindre. Nous ne pouvons atteindre que ce qui reste de connaissance dans l'esprit. Être soi-même n'a rien à voir avec la connaissance accumulée.

(...)

Pour moi, le but de la méditation, c'est de chercher le méditant. Quand nous trouvons que le méditant, celui qui cherche Dieu, la beauté, la paix, n'est qu'un produit du cerveau et qu'il n'y a donc rien à trouver, il y a alors un lâcher-prise. Ce qui demeure, c'est un courant de silence. Vous ne pouvez jamais atteindre ce silence par la pratique, par l'effort. L'éveil — être compréhensif — est instantané.

(...)

Quand vous vous apercevez à certains moments dans la vie courante que vous n'êtes pas attentif, en ces moments vous l'êtes. Il est très important d'être complètement objectif. Ne pas juger, comparer, critiquer, évaluer... Écoutez, écoutez toutes les situations de la vie courante.

(...)

L'attention dont je parle est sans objet, sans direction... Être mentalement conscient implique une relation sujet-objet, mais l'attention elle, est non duelle.

(...)

Nous sommes constamment, sans le savoir, sollicités par ce que nous sommes fondamentalement. Mais le sentiment par lequel nous sommes sollicités est souvent confondu avec... une certaine tranquillité mentale acquise par l'effort ou la pratique. Nous cherchons cet état comme une sorte de compensation pour le vrai silence. (...) Être libre, c'est être libre de l'image que l'on croit être... C'est vivre libre dans la beauté de notre absence. Il n'y a rien de perçu et personne qui perçoit. («Be Who You Are», *in Timeless Vision, Healing Voices*.)

# Jacques Castermane

Français, disciple de Dürckheim
contemporain

L'éveil à l'homme intérieur nous aide à affronter le monde tel qu'il est avec plus de calme, de sérénité, de confiance. Et c'est par sa façon d'être là, dans le monde, que l'homme témoigne de sa relation à sa profondeur, à son être essentiel. («Être c'est devenir, devenir c'est être», *in Terre du Ciel*, n° 9.)

Graf Dürckheim avait parfois sur son bureau une très jolie boîte ronde, en métal. Il me la présente et me dit: «Fermez les yeux; ouvrez le couvercle et placez cette petite boîte sous votre nez.» À l'instant même un parfum me remplit et, réflexe du moi, je dis: «Comme cela sent bon... qu'est-ce que c'est?»

Graf Dürckheim sourit: «Voilà que vous êtes tombé dans le piège! Vous éprouvez du plaisir à sentir un parfum. C'est une expérience *subjective*. C'est une expérience non rationnelle. Mais immédiatement, par votre question «Qu'est-ce que c'est qui sent si bon?», vous vous demandez *de quel objet* fait partie mon expérience subjective? Je vous donne la réponse, c'est de l'humus de la forêt toute proche. Mais à l'instant même vous transformez votre conscience intérieure en propriété d'un ensemble d'objets! Et cette sensation globale qui vous remplit et vous appartient devient la propriété du catalogue des odeurs classées. Le sens du développement humain n'est pas de classer dans la conscience objectivante nos expériences subjectives éprouvées à partir de notre conscience intérieure.» (*Question de*, n° 81.)

Si je reprends l'image du voilier... le moi conditionné est la partie visible du bateau. Tout est propre, clinquant. L'ombre est la partie invisible du voilier, la cale. On y jette tout ce qu'on ne désire pas voir, ce qu'on ne désire pas montrer. Arrive parfois que lorsqu'on descend dans la cale on retrouve des trésors oubliés. L'ombre c'est l'inconscient personnel composé d'exigences du moi naturel qui ont dû être refoulées, de pulsions instinctives réprimées, d'invitations qu'on n'a pu accepter. L'ombre c'est aussi un ensemble de qualités que le moi conditionné à certaines valeurs considère comme étant négatives ou sans intérêt. L'ombre garde précieusement les qualités non appréciées par l'entourage, par le monde extérieur.

...

Le chemin de maturation doit passer par la dépersonnalisation et l'intégration de l'ombre. Graf Dürckheim a toujours été très clair à ce sujet: «Un cheminement spirituel qui évite la reconnaissance et l'intégration de l'ombre conduit nécessairement à l'illusion et à l'inflation spirituelle.» (Être c'est devenir, devenir c'est être», *in Terre du Ciel*, n° 9.)

## Toni Packer
disciple de Krishnamurti
contemporaine

On peut accepter ce qui est sans essayer de savoir comment c'est. Si nous pensons que nous savons comment c'est, nous sommes avec nos pensées et non avec la réalité. Quand vous pensez que vous savez ce qu'est l'anxiété (et ce qu'est la pluie, ce que sont les oiseaux, les personnes), vous êtes en contact avec l'imagination capricieuse, les idées, la pensée, l'image. Mais quand vous ne savez pas ce que c'est que cette sensation gênante[*] que vous éprouvez au niveau du plexus solaire... et que vous vous contentez de vivre avec la gêne telle

---

[*]    Voir Jacques Castermane, p. 129.

qu'elle est, vous ne localisez plus les choses. (...) Vous êtes dans ce que nous appelons l'*attention:* un état où il n'y a plus de moi qui veuille obtenir quelque chose de tout cela pour son propre bien.

(...)

Ne parlons pas de devenir aimants et compatissants dans l'avenir, mais de regarder les barrières et les obstacles qui nous empêchent de l'être dès à présent.

(...)

Si nous sommes capables de voir sans nommer... peut-être surgiront des choses qui sont comme elles sont, un monde avec lequel on n'a jamais pris contact auparavant parce qu'on était tellement enfermé dans le processus consistant à connaître et à réagir.

(...)

Le «c'est moi» est à la racine de tous nos problèmes individuels, interpersonnels, et aussi des problèmes internationaux. (...) Il n'y a pas de je en dehors du processus de la pensée. (...) L'écoute c'est l'ouverture à ce qui n'est pas connaissable. (*In* Anne Bancroft, *Femmes en quête d'Absolu.*)

## Kathleen Raine
### poétesse anglaise
### contemporaine

J'osais à peine respirer, saisie par une sensation si aiguë que je pouvais sentir par mes sens l'écoulement même de la vie dans les cellules. Je ne percevais pas la fleur, mais je la vivais. J'avais conscience de la vie de la plante comme d'un écoulement lent ou de la circulation d'un courant vital de lumière liquide d'une extrême pureté. (...) Il n'y avait aucune émotion dans cette expérience qui était, au contraire, l'appréhension presque mathématique d'un tout complexe et organisé, appréhendé *en tant que tout*. Le tout était vivant; et en tant que tel il inspirait un sentiment de sainteté immaculée.

Plus je vieillis, plus je pense que nous savons réellement tout (à condition de nous abandonner), et que le fonctionnement du cerveau humain, ou de quoi que ce soit, aboutit plutôt à une exclusion qu'à une acquisition de connaissances. Vous voyez des gens comme Locke qui pensaient que l'esprit était une *tabula rasa*, une page blanche, et que toute connaissance était imprimée dessus de l'extérieur. Je pense que c'est exactement le contraire qui est vrai. Nous savons tout parce que nous sommes en fait la création elle-même, nous sommes la vie de l'esprit éternel qui se manifeste dans toutes les innombrables vies de la terre. (*In* Anne Bancroft, *Femmes en quête d'Absolu*.)

## Meinrad Craighead
### poétesse et artiste anglaise
### contemporaine

Ce que je voulais, c'était la prière, la quête de Dieu, recevoir et me mettre dans un état réceptif, être un réceptacle vide. Car je savais que, d'une façon ou d'une autre, quand Dieu vous remplit, Il détruit le réceptacle que vous êtes. Peut-être s'agit-il moins d'une destruction que d'une réduction — car vous saisissez soudain que vous n'êtes *rien*. (...) On vous a donné quelque chose de si fort, d'une si grande beauté, qu'elle vous dévaste et vous dessèche, que devant elle vous comprenez que vous n'êtes rien.

(...)

Nous avons tous besoin les uns des autres pour voir l'intégralité du Grand Esprit. Toutes ces visions séparées, ainsi que ceux qui reçoivent la vision du tout et deviennent alors des saints, font du monde un lieu saint. (*In* Anne Bancroft, *Femmes en quête d'Absolu*.)

## Marion Milner
### mystique anglaise
### contemporaine

Je pensais que quelque chose qui n'était pas moi vivait en moi, quelque chose en quoi je pouvais avoir confiance, quelque chose qui savait mieux que moi où j'allais. Une fois, je m'étais tracassée en me demandant si je devais avoir un but dans la vie ou simplement me laisser entraîner; j'étais à présent sûre que je ne devais faire ni l'un ni l'autre, mais, patiemment et en gardant un œil attentif, laisser les buts s'emparer de moi, m'observer tandis que quelque chose qui est «autre» s'exprimait à travers moi. J'avais certainement découvert qu'il y avait quelque chose — pas le moi au sens courant du mot «moi» — qui pouvait être une force directrice dans la vie.

(...)

Le prix à payer pour être capable de découvrir cet «autre» comme une sagesse vivante en moi a été que je ne devais rien vouloir de lui, que je devais me tourner vers lui avec une acceptation complète de ce qui est, sans rien attendre, sans rien vouloir changer; et ce n'est qu'à partir de ce moment-là que j'ai reçu des éclairs lumineux qui ont été si importants dans le façonnage de ma vie. (*In* Anne Bancroft, *Femmes en quête d'Absolu.*)

## Joanna Macy
### bouddhiste anglaise
### contemporaine

Quand pour la première fois j'ai réellement rencontré le Bouddha Dharma, ce fut une expérience si particulière et si forte que je n'ai jamais eu aucun doute à son sujet. En fait l'expérience se situait, par son intensité, au même niveau que l'expérience du pardon dans la chrétienté.

Elle revenait à voir mon non-moi. (...) Il fut soudain, absolument clair comme le jour que je n'existais pas de la manière dont je pensais. Cette prise de conscience s'accompagna d'une expérience que je ne peux comparer qu'à l'éclatement d'un grain de *pop-corn*. C'était comme si l'intérieur se répandait sur l'extérieur, et je regardais avec une joie émerveillée. J'eus alors une sensation de soulagement inexprimable: «Je n'ai besoin de rien faire avec le moi, je n'ai pas besoin de l'améliorer ou de le rendre bon, de le sacrifier ou de le crucifier. Je n'ai pas besoin d'en rien faire, car il n'existe même pas. Tout ce que je dois faire, c'est reconnaître qu'il s'agit d'une convention, d'une fiction.»

(...)

Dans toute grande foi, il y a un leitmotiv central qui est simplement celui-ci: ouvrir une brèche dans l'illusion de la séparation et prendre conscience du fait inaltérable de notre inter-dépendance. (...) Qu'il s'agisse du judaïsme, du bouddhisme, du taoïsme, des religions amérindiennes ou des religions honorant la Déesse, chacune propose des images du tissu sacré dans lequel nous sommes tissés.

(...) Nous existons en inter-dépendance, semblables à des cellules dans l'esprit d'un être qui contient tout. (*In* Anne Bancroft, *Femmes en quête d'Absolu*.)

## Eileen Caddy
fondatrice, avec son mari Peter,
de la communauté de Findhorn en Écosse
contemporaine

J'ai le sentiment qu'en fin de compte, quelle que soit la manière d'envisager notre vie, toute recherche mène à l'intériorité. Nous devons seulement chercher notre propre voie en nous, nous ne pouvons la trouver à l'extérieur. Nous aurons beau chercher et chercher encore —

chercher un autre partenaire ou chercher de l'aide extérieure — nous devrons toujours revenir au divin qui est à
l'intérieur de nous. C'est ce que j'ai dû faire et je l'ai fait
seule. J'ai dû travailler avec, méditer et prier, et je sens
maintenant que, quand je reçois quelque chose de l'intérieur, personne ne peut me l'enlever.

(...)

Pour moi, il s'agit d'apprendre à aimer sans rien attendre
et sans rien exiger. Chacun de nous a la liberté de le faire.
Si nous avons à résoudre un problème et que nous avons
compris ce principe, nous savons que l'amour inconditionnel constitue toujours la réponse. (*In* Anne Bancroft,
*Femmes en quête d'Absolu.*)

## Danette Choi
### bouddhiste coréenne
### contemporaine

Notre vrai moi n'a pas de vie et pas de mort. Si vous
atteignez votre vrai moi, mourir dans une heure, dans un
jour ou dans un mois n'est pas un problème. Mais si vous
faites une méditation qui ne consiste qu'à «fixer votre
corps dans la position juste», votre intérêt ne se portera
que sur votre corps. (...) Si vous faites la bonne méditation, être parfois malade est bon; il est bon de souffrir de
temps à autre; il est bon de mourir un jour. Le Bouddha
disait: «Si vous gardez un esprit clair instant après instant, vous trouverez le bonheur partout.»

(...)

N'ayez pas peur des voleurs d'objets, ils ne prennent que des choses matérielles. Tandis que les voleurs d'esprit peuvent vous voler toute votre vie*. Les gens me disent que je suis un maître bouddhiste, mais je leur dis: «Ne vous attachez pas à cette idée, ne faites même pas confiance à mes paroles. Contentez-vous de pratiquer, et alors vous verrez de quoi je parle.» (*In* Anne Bancroft, *Femmes en quête d'Absolu.*)

## Bernadette Roberts
contemplative américaine qui après 10 ans dans un couvent, se maria, eut 4 enfants, et enseigna longtemps dans les écoles contemporaine

Sans le centre d'ego, il n'y a plus de divin.

(...)

Le paradoxe de notre passage est que nous ne savons pas réellement ce qu'est la conscience ou le je, aussi longtemps qu'on y vit, que l'on est identifié à cela. La vraie nature du je ne peut être pleinement révélée que lorsqu'il est parti. Nos notions psychologiques de désespoir et d'anxiété ne sont que de simples jouets d'autodéfense, comparées au fardeau du non-savoir, contre quoi il n'existe pas de défense; comme il n'y a pas davantage quelque chose ou quelqu'un à défendre.

(...)

J'étais enfin arrivé à la grande vérité: que tout était vide; que l'ego avait simplement rempli ce vide; et que toutes les paroles de l'homme n'étaient que des étiquettes vides fabriquées par un esprit qui ne sait pas même une chose de son monde et ne peut tolérer un état d'inconnaissance.

---

\* Se rappeler la parole de Jésus: craignez plutôt ceux qui peuvent vous prendre votre âme...

(...)

Qui peut comprendre ce que veut dire d'apprendre que l'ultime réalité n'est pas un moment de béatitude qui passe, n'est pas une vision ou une transfiguration fuyante ni quelque expérience ou phénomène ineffable, extraordinaire, mais plutôt quelque chose d'aussi près que nos yeux, aussi simple qu'un sourire, et aussi clair que l'identité de «cela» qui demeure quand il n'y a pas d'ego? L'attente d'un grand final d'amour et de béatitude est une incapacité de se rendre compte que de telles réactions sont celles de l'ego face à un objet — les expériences d'un ego — alors que Ce qui Est ne réagit pas à soi-même comme à un objet...

(...)

Lorsque l'ego disparaît à jamais dans le Grand Silence, nous arrivons à la découverte bouddhiste du non-ego, et apprenons comment vivre sans rien de ce qui pourrait s'appeler un ego, et sans un système de référence, à mesure que l'on approche de l'unité essentielle de tout ce qui est.

Et alors, finalement, nous arrivons au sommet de la découverte hindoue, c'est-à-dire que «cela» qui reste lorsqu'il n'y a pas d'ego est identique à «cela» qui Est, le Seul Existant qui est tout ce qui est.

Je ne suis pas un connaisseur de la religion occidentale et orientale, et bien que je sache que chaque religion pense qu'elle peut traverser seule le courant, je croirais qu'il est beaucoup mieux de le traverser ensemble, car c'est un courant difficile à traverser, quelle que soit la solidité des gilets de sauvetage.

(...)

Le choix de passer par cette transformation ne nous appartient pas. Lorsque le temps est arrivé de le faire — un moment que personne ne connaît — le vaisseau de la vie nous introduit dans de nouvelles eaux, et sans un ego, nous n'avons rien à dire ni aucun contrôle sur cela. (*The Experience of No-Self.*)

(...)

J'entendis une voix lointaine demandant à son père pourquoi il l'avait abandonné, et avec ça, je compris. Je n'avais jamais associé les nuits de l'âme avec la mort du Christ... Il était allé jusque-là, à ce néant au-delà de tout ce qu'on pourrait appeler un ego... Le Christ avait attendu une résurrection tout comme moi je m'attendais à «voir», mais à l'évidence, rien ne s'était produit. Au lieu de la gloire, on n'avait rien vu.

(...) Pour moi, voici le vrai message et le sens du Christ: il montra par sa mort encore plus que par ses paroles ce que chacun de nous devra traverser pour voir — pour être ressuscité — pour être libre, libre du péché qui est l'ego. Le Christ n'a pas vaincu notre ego à notre place; il n'a fait que montrer par sa mort ce que nous aussi devons traverser pour être libres du péché. (*The Experience of No-Self.*)

(...)

Le seul mystique (chrétien) que j'ai trouvé qui parlait de l'étape au-delà de l'union à Dieu, au-delà de l'ego et de Dieu, est Maître Eckhart. (*The Experience of No-Self.*)

## Richard Moss
### médecin américain, contemplatif
### contemporain

Un point doit être clair: ce qui vit en moi est beaucoup plus vaste que ce que j'en puis comprendre.

(...)

D'un seul coup, je me suis retrouvé au-delà de l'esprit! Cela m'a permis de véritablement saisir ce qu'étaient les limites humaines.

(...)

En ce qui concerne l'éveil avec un grand E, je ne sais ni pourquoi ni comment il se produit et je ne crois pas que quiconque l'ait jamais su. Personne n'est vraiment à même de le provoquer chez l'autre. (...) Tout repose, me semble-t-il, sur la grâce, laquelle vient comme une réponse à l'intensité et à la nature de notre consécration.

(...)

Auparavant, un énorme mouvement d'énergie avait déjà commencé à contrecarrer mon ego, mon besoin personnel d'être Richard. Ce puissant courant en moi voulait annihiler le sens du moi individualisé. L'affrontement de ces deux forces, celle de l'énergie impersonnelle et celle de l'ego résolu à survivre, a donné lieu à une longue bataille. Il fallait trouver un espace intérieur où il pourrait y avoir une conscience observatrice mais plus d'ego; jouir d'une conscience observatrice sans être identifié constitue un extraordinaire accomplissement.

(...)

Nul ne peut t'enseigner à obéir à cet appel en toi. (Gilles Farcet, *L'homme se lève à l'Ouest*.)

## Ayya Khema
juive allemande, devenue bouddhiste (Théravada),
qui fonda un monastère de nonnes bouddhistes au Sri Lanka
contemporaine

Aimer les autres n'a rien à voir avec *eux*. Aimer les autres est une qualité de son propre cœur.

(...)

Nous avons besoin du miroir de la confrontation, du réfléchissement de notre être, pour nous voir nous-mêmes.

(...)

Un esprit non perturbé par la pensée est un esprit qui vit l'expérience sans la verbaliser et sans la visualiser[*].

(...)

Ayant lu Maître Eckhart et sainte Thérèse d'Avila, il me semble que, par leur approche chrétienne, ils ont atteint la même vérité que j'en suis venue à définir comme celle de la méditation. Aussi ai-je conclu que le pratiquant religieux, quelle que soit sa confession, parvient exactement à la même sorte de compréhension, même si elle est vécue dans les mots d'une foi particulière.

(...)

Et je suis sûre que s'il n'y avait pas de mystiques dans chaque civilisation et à chaque période historique, nous serions dépossédés et plus pauvres, car ils nous offrent une dimension du monde différente. C'est une dimension qui implique qu'on le transcende, non pas en le quittant, mais en le voyant tel qu'il est réellement. (*In* Anne Bancroft, *Femmes en quête d'Absolu.*)

## Irina Tweedie
### Russe appartenant à la tradition soufie
### contemporaine

... Au fur et à mesure que votre moi diminue, les choses extérieures se mettent à perdre toute importance. Le moi, et tout le reste, se fond désormais dans le Bien-Aimé, le Bien-Aimé reste en permanence avec vous, quand il n'y a plus de moi. (*In* Anne Bancroft, *Femmes en quête d'Absolu.*)

---

[*]  Voir l'expérience de Jacques Castermane avec Dürckheim.

# Jack Kornfield

maître de vipassana, américain
contemporain

Arriver au moment présent est le premier pas dans les espaces spirituels, parce que ces espaces ne se trouvent ni dans le passé ni dans le futur. Le passé n'est que mémoire, le futur qu'imagination. Le moment présent offre la porte d'entrée à tous les domaines de conscience qui sont au-delà de notre préoccupation quotidienne normale. Pour être ici, il faut apaiser l'esprit, il faut de la concentration, de l'attention. C'est le vieux slogan des casinos de Las Vegas: «Il faut que vous soyez présent pour gagner.» Vous devez être présent au casino, et vous devez être présent dans votre méditation.

(...)

La colère, la peur, le désir — toutes ces choses peuvent être source de sagesse quand elles sont observées, car à mesure que nous les observons, elles arrivent selon certaines conditions. Elles viennent, et lorsqu'elles y sont, elles affectent le corps et l'esprit d'une façon particulière. Si nous ne sommes pas absorbés en elles, nous pouvons les observer comme on observerait une tempête, et après avoir été là quelque temps, elles passent.

(...)

Ces forces (cupidité, haine, illusion) sont terriblement puissantes. Ce sont les forces qui font la guerre dans le monde. Celles qui créent la pauvreté et la faim dans un pays et l'abondance dans l'autre. Ce sont ces forces qui produisent le cycle de ce qui s'appelle monde de la vie et de la mort... Ce n'est pas une tâche facile de travailler avec ces forces.

(...) Mais c'est ici que nous apprenons. Thomas Merton disait à un moment donné que «la vraie prière et le vrai amour s'apprennent à l'heure où la prière devient impossible et le cœur est devenu pierre». Parfois, devant les obstacles les plus difficiles, si vous vous laissez vous asseoir avec, le cœur peut vraiment s'ouvrir... Il se fait une vraie ouverture du cœur, du corps et de l'esprit, parce que nous avons enfin cessé de fuir notre ennui ou notre peur ou notre colère ou notre peine.

(...)

L'ouverture spirituelle n'est pas un retrait vers quelque royaume inventé ou quelque grotte sécuritaire. Ce n'est pas l'acte de se retirer, mais de toucher toutes les expériences de la vie avec sagesse et avec un cœur de tendresse, sans se séparer de rien. («Obstacles and Vicissitudes in Spiritual Practice», *in Spiritual Emergency: when Personal Transformation Becomes a Crisis.*)

## Lee Lozowick
### maître spirituel
### contemporain

Aller trouver un maître en étant résolu à se laisser vraiment guider est une forme de suicide. Étant identifiés à notre personnalité, à nos croyances, à notre système de valeur, à nos fantasmes, nous perpétuons toutes sortes d'illusions. Admettons que ces illusions forment un ressort très serré; lorsque nous nous exposons vraiment à l'influence d'un maître, le ressort se desserre, devient de plus en plus lâche, jusqu'au jour où il tombe. La *sadhana* (exercice spirituel) ne consiste pas à devenir quelque chose ou quelqu'un mais à se dépouiller de tout ce que nous ne sommes pas. Il ne s'agit pas d'ajouter quoi que ce soit mais d'enlever les revêtements, jusqu'à ce que se révèle notre identité réelle. On ne saurait donc parler de construction mais de destruction. Il faut dénouer tous les nœuds, ces nœuds serrés qui constituent l'illusion...

(...) Cela peut faire très mal... Nous nous sommes identifiés à des mécanismes de comportement plaqués sur nous par papa et maman. Ces mécanismes, il faut les voir, pour ne plus en être dupes. (...) Il ne s'agit pas de réduire l'enseignement à une psychothérapie mais de distinguer clairement les fondements de notre prison. Nous devons avant tout admettre que nous ne sommes pas libres, prendre la mesure de notre condition; en l'absence de cette prise de conscience, rien n'est possible.

(...)

Toute cette histoire: la vie, Dieu, la réalisation, notre carte intérieure... tout ça est un grand mystère. Les êtres humains s'y confrontent d'une manière profondément névrotique: ils sont persuadés qu'il leur faut absolument, à tout prix, obtenir des réponses, comme si leur vie, leur raison, leur santé, leur tranquillité d'esprit ou leur aptitude à réussir étaient en jeu. Malheureusement, les réponses aux grandes questions de l'existence sont essentiellement inutiles — elles ne servent qu'à consolider cet orgueil spirituel dont nous sommes pour la plupart, hélas, déjà amplement dotés. (...) La réponse est de se relaxer, de respirer profondément et d'accomplir la volonté de Dieu, laquelle s'avère tacitement évidente, pourvu que l'on soit détendu au lieu de se crisper sur le *pourquoi* des choses. (Gilles Farcet, *L'homme se lève à l'Ouest.*)

## Stephen Jourdain
jeune Français éveillé à 16 ans,
sans maître ni pratique religieuse
contemporain

Stephen Jourdain a connu l'éveil à l'occasion d'une réflexion sur le *cogito* de Descartes. Voici ce qu'il dit au cours d'un dialogue paru dans *L'Homme et la connaissance*, Éditions Le Courrier du livre, 1965:

Je crois que je devrais commencer par vous dire ce qu'est mon «expérience». Elle est l'éveil, brusque et parfait, de l'esprit — de la personne intérieure — à soi-même, à son propre fait. Quand cela m'est arrivé, j'étais un petit jeune homme, tout à fait normal. Je commençais à fumer, j'étais amoureux, et si je me posais des questions telles que «Qu'est-ce que moi?» ou «Qu'est-ce que penser?», avec une intensité et une passion peut-être exceptionnelles..., il est absolument certain que je n'essayais pas d'atteindre cet éveil... Vraiment, je ne cherchais rien.

(...) «L'éveil» est nécessairement «l'avant» de toute chose autre que lui-même et il n'est «l'après» de rien.

(...) Si j'essaye de préciser la nature de cette vision, ce que je puis dire est que j'étais dans un monde essentiellement dynamique... Ce qui l'avait fait apparaître, c'était la lecture des poèmes de Rimbaud.

(...) «L'éveil» n'est pas un état... que connaîtrait le sujet: il *est* ce sujet — «je» —, et ce sujet œuvrant lui-même cet «éveil» qu'il est... Ce qui sépare l'état normal de «l'éveil» — ce que nous nommons «la vie consciente»... — est une illusion... à multiples têtes qui tient l'esprit dans ses rets tout au long de cet état normal. Démasquer l'illusion, c'est «s'éveiller». Qu'il soit simplement possible de nommer l'illusion, et, déjà, l'on pourra donner à quelqu'un une direction dans laquelle chercher, une chance de «s'éveiller». Est-ce possible? Oui. C'est extrêmement difficile, il m'a fallu quinze années...

(...) Je dis que «l'éveil» est une même chose que l'illusion démasquée et dissipée. Ceci est vrai, mais appelle une remarque: dans la réalité, pour moi, c'est le jaillissement de la conscience qui m'a révélé l'illusion, le songe; ce n'est pas le déchirement du songe qui m'a fait m'éveiller. Le soleil n'a pas paru quand les nuages se sont dissipés, il y a eu d'abord, brusquement, le soleil, et c'est alors que la dissipation des nuages s'est produite.

(...) Cela a duré six mois, peut-être. Puis, je me suis remis à dégringoler la pente, j'ai été de nouveau englouti (dans le songe) et cette fois-là, je n'y ai rien pu faire. — Et je suis entré dans la nuit... Une fois que l'on a habité sa vérité, en être exilé est une brûlure effroyable. La nuit a duré des années...

(...) Je ne crois pas qu'avant la venue de cette perception (l'éveil), qui ne peut s'effectuer que *de façon foudroyante et en une seule fois*, l'on puisse avoir la moindre idée de ce qu'elle est. C'est quelque chose qu'on ne peut imaginer.

(...)

Par contre, il me semble que la vision du monde qui peut faire se lever cette inimaginable vision de «je»... possiblement s'annonce et puisse être pressentie hors de «l'éveil», dans certaines expériences... poétiques, par exemple.

**Question**. Devons-nous nous détourner de ce «moi» (l'ego)?

**Réponse**. Oh grand Dieu, non! Enfin, si vous mettez dans le mot le contentement de soi, la fatuité, l'orgueil, alors oui, détournez-vous de «moi»... Mais si vous donnez au mot son sens vrai, son sens naturel, son sens d'enfance, si vous vous référez à la mystérieuse et fondamentale donnée: MOI, alors ne vous avisez pas de vous détourner de ce «moi»!, de le considérer avec mépris! MOI est la porte et ce qu'il y a derrière la porte. MOI est «l'éveil» et l'infinie pureté... Rejetez MOI comme une souillure, et c'est la chance de salut et ce salut lui-même que vous rejetterez comme une souillure! (...)

**Question**. Pouvez-vous revenir sur les conditions mentales que vous jugez favorables à «l'éveil», et les résumer?

**Réponse.** Je crois qu'il y en a trois. D'abord un travail et une attention intenses de l'intelligence sur un point précis, tout l'esprit étant absorbé par cette recherche et se réduisant à elle. Deuxièmement, que ce travail ait été poursuivi un long moment, pendant lequel l'intelligence s'est heurtée constamment à un mur, s'est trouvée constamment tenue en échec. Ceci est peut-être capital. Troisièmement, que le sujet de la réflexion soit tel qu'il amène l'esprit au bord de sa réalité vivante. Évidemment, la phrase de Descartes réalise cette dernière condition très bien. (...) À l'époque de mon «éveil»... je ne raisonnais pas, je ne spéculais pas, je m'interrogeais farouchement, et amenais mon interrogation farouche au contact de la réalité elle-même. (...)

**Question.** Vous faisiez de la méditation?

**Réponse.** Si vous voulez, je faisais de la méditation, mais sans le savoir, sans avoir un autre but que de répondre à cette question que je me posais farouchement... Peut-être que si l'on a la connaissance que cette réalité «en vie» existe, et que l'on s'interroge sur la réalité, il ne viendra pas à l'idée de spéculer, de philosopher, mais spontanément, sans y réfléchir, on essayera de saisir la réalité où elle se trouve.

Geneviève Lanfranchi

philosophe
contemporaine

Don immédiat; entrée presque sans transition dans le recueillement. Celui-ci était une présence à un «Rien». C'est donc tout autre chose qu'un sentiment de présence. Il n'y a pas «un autre» qu'on sent là. Sans doute ai-je éprouvé une ferveur; mais s'adressant à une sorte de nuit, de rien, de vide, pressenti comme étant «Cela». (Le 2 mars, 1948, *in Hermès*, vol. 2, 1981.)

# Albert Low
maître zen, Québécois d'origine britannique
contemporain

Nous nous éveillons à des rêves. Le rêve est le rêve que le rêve est réel. Nous nous éveillons de ce rêve que le rêve est réel.

(...)

Être éveillé, c'est voir dans la nature de l'esprit même, voir dans notre vraie nature. C'est l'éveil à la présence non réfléchie, c'est s'éveiller au connaître sans contenu.

(...)

Ce que nous avons appelé pure présence est la lumière du monde. Cela est sans reflet... C'est cette lumière qui est visée dans un *Koan* zen qui demande: «Où va la lumière de la chandelle lorsqu'on l'éteint?» Rappelons encore une fois que toutes les religions parlent de cette lumière. Mais ce n'est pas une lumière que l'on peut voir. Il y a une expérience mystique qui comporte une lumière aimante et merveilleuse, mais ce n'est pas encore ce à quoi nous nous référons. Celle-là vient et s'en va, alors que la lumière du monde (dont je parle ici) ne vient ni ne va.

(...)

Notre vraie nature est de connaître... et d'être, qui est connaître. C'est précisément la séparation illusoire de ces deux états — connaître et être — qui est à la racine de nos malheurs. Connaître/être est une autre façon de dire «tout est esprit». Mais hélas! si nous appelons cela «esprit», «connaître/être», «Dieu», «Bouddha», «Brahma», nous le fixons et la vérité se perd, tout comme lorsque nous l'appelons Un, Vide ou autre chose.

Voilà pourquoi dans le zen les maîtres tiennent tellement à ne pas s'accrocher aux mots (*Le Rêve du papillon: une plongée au cœur du zen.*)

# D^r **Roger Godel**

médecin français et sage
contemporain

... Ni l'esprit de synthèse ni l'analyse ne peuvent donner accès à la connaissance du réel.

(...)

L'état de liberté inconditionnée... *ne peut s'acquérir* par l'entraînement, par effort, par une tension quelconque... L'expérience libératrice est une réalité donnée, fulgurante. Parce que l'expérience se révèle absolument irréductible à la nature de l'intellect et de la sensibilité émotionnelle dont elle transcende les qualités spécifiques, l'hétérosuggestion, non plus que l'autosuggestion ne peuvent l'imiter d'aucune manière. (*In L'Homme et la connaissance.*)

# **Jeanne Guesné**

femme de sagesse, Française
contemporaine

Les hommes ne sont ni méchants ni égoïstes par goût, par choix personnel, mais uniquement parce qu'ils ne «sentent» pas, n'éprouvent pas viscéralement qu'il n'existe qu'UN HOMME en des milliards d'individus, un Homme qui «se fait» à l'échelle planétaire, et le temps de réalisation de cet HOMME, n'est pas le temps des hommes, des cellules.

(...)

Reconnaître l'équivalence des termes et des pratiques propres à chaque enseignement me cause une émotion profonde. Il me semble découvrir l'expression vivante d'un «placenta spirituel» à l'échelle planétaire, gestant notre conscience. Il nous nourrit, nous fait croître, et en même temps s'accroît de nous, dans un échange incessant à travers ce cordon ombilical par lequel il nous atteint. Tout est lié. Rien ne s'oppose à rien, seules des complémentarités existent. C'est le Tout qui est le Réel, nous ne regardons toujours qu'une chose après l'autre.

(...)

S'éveiller dans sa conscience, c'est devenir pleinement responsable, et cela transforme le comportement. Nous nous apercevons alors que nous sommes encombrés de préjugés, d'opinions à propos de tout et souvent d'opinions contradictoires, ce qui détermine et complique toutes nos décisions, nous laissant insatisfaits et parfois anxieux.

(...)

Le moteur essentiel, dans toute démarche de cet ordre, est le besoin que nous éprouvons de «prendre la route et de la continuer envers et contre tout».

(...)

Mais vous savez, je me sens très proche, je peux presque dire unie, à tous les grands maîtres de la pensée et de la spiritualité à travers les âges.

(...)

Lorsqu'on travaille sur soi, on apprend à «écouter» et à «s'écouter», ouvert totalement à l'inconnu, sans l'écran mental du raisonnement, des comparaisons, des jugements, des choix, etc. L'élimination progressive de notre comportement habituel, fait apparaître notre «nature réelle», qui a toujours été là. (*Le Grand Passage.*)

## Douglas Harding
maître spirituel britannique
contemporain

La percée est notre abandon inconditionnel et sans cesse renouvelé à la volonté de Dieu telle qu'elle se trouve parfaitement révélée dans les circonstances de notre existence. Nous nous abandonnons à la volonté de Dieu telle qu'elle se manifeste clairement en nous et autour de nous, sous la forme de tout ce qui se produit en ce moment même. Dès lors que Sa volonté devient notre volonté, nous percevons Son monde tel qu'il est; et dès lors que nous percevons Son monde tel qu'il est, notre volonté devient Sa volonté et nous accueillons du fond du cœur tout ce que le monde nous apporte. En bref, notre vision et notre volonté se fondent, non pas une fois pour toutes, bien sûr, mais instant après instant tant que dure notre vie.

(...)

Lorsque nous est donnée la grâce de dire OUI! aux circonstances dans lesquelles nous nous trouvons, de consentir activement, plutôt que de se résigner passivement à tout ce qui advient, alors jaillit cette joie réelle et durable que la tradition orientale nomme *ananda*. («Douglas Harding», *in* Gilles Farcet, *L'homme se lève à l'Ouest*.)

(...)

Gilles Farcet, qui a interviewé Douglas Harding, dit à son sujet: «... Il insiste... sur la différence entre le *Big One*, *«who we really really are* — celui que nous sommes vraiment» et le *little one*, le petit homme identifié à son minuscule moi. Le *little one* a sa place, explique-t-il, il doit coexister avec le *Big One;* mais le blasphème, le sacrilège suprême consiste à placer le *little one* sur le trône de Dieu, à en faire notre centre et notre unique point de référence.»

(...)

Je pouvais tout aussi bien dire que chacun est mon maître, que j'ai eu des milliers de gourous... Et puis, j'ai une dette inestimable envers les maîtres zen ou Ramana Maharshi, même si je n'ai pas eu leur *darshan* (grâce de rencontre), si je ne me suis point trouvé en leur présence. Mais il est exact que je n'ai pas eu de maître... individuel. (*In* Gilles Farcet, *L'homme se lève à l'Ouest.*)

## Jean Bouchart d'Orval
### maître de méditation, Québécois
### contemporain

L'homme répète la «faute originelle» tous les matins au lever, quand il se voit de nouveau comme une personne, lorsqu'il se met à penser «je». Il s'enferme dès lors dans cet enclos restreint, rempli de peurs et de contraction, portant sans cesse des jugements moraux sur sa propre personne ou sur les autres personnes. C'est l'histoire de l'arbre de la connaissance du bien et du mal. C'est l'ego qui s'approprie la lumière de l'intelligence, c'est le résultat de l'errance.

(...)

L'abandon parfait, la piété véritable, ou encore la maturité de la religion, sont la reconnaissance de cela qui est, de cela qui existe, qui est unique et ne peut qu'être nous. L'homme complètement pieux se met alors à réfléchir cela qu'il est; sa pensée s'est allongée, car sa vision n'est plus limitée.

Il n'y a pas que l'erreur qui soit humaine. Il y a beaucoup plus profondément humain que l'erreur: la connaissance. Un saut inexplicable s'est produit, le mystère a joué. L'homme de la piété mature possède l'envergure du tout et son regard panoramique embrasse tous les êtres, c'est-à-dire toutes ses propres formes. Il a les moyens d'aider son prochain, car il *est* son prochain. Avant le saut de l'abandon, même la démarche spirituelle peut être vaine et orgueilleuse. Après le saut de l'abandon, même ce qui n'est pas spirituel est spirituel. Après le saut, il ne reste plus personne... (*La Maturité de la joie: Patanjali et le Christ.*)

# Bibliographie

BANCROFT, Anne, *Femmes en quête d'absolu*, Paris, Albin Michel, 1991.

BOUCHART D'ORVAL, Jean, *La Maturité de la joie: Patanjali et le Christ*, Montréal, Libre Expression, 1992.

DOSSEY, Larry, M.D., *Recovering the Soul*, New York, Bantam, 1989.

DÜRCKHEIM, Karlfried Graf, *La Voie de la transcendance*, Paris, Éditions du Rocher, 1991.

DÜRCKHEIM, Karlfried Graf, *Le Maître intérieur: le maître, le disciple, la voie*, Paris, Le Courrier du livre, 1980.

*Dürckheim: Dialogue on the Path of initiation*, présenté par Alphonse Gœttmann, Globe Press Books, 1991.

FARCET, Gilles, *L'homme se lève à l'Ouest: les nouveaux sages de l'Occident*, Paris, Albin Michel, 1992.

GUESNÉ, Jeanne, *Le Grand Passage*, Paris, Le Courrier du livre, 1978.

HUXLEY, Aldous, *The Perennial Philosophy*, New York, Harper & Row, 1944.

HILLESUM, Etty, *Une vie bouleversée: journal 1941-1943*, Paris, Éditions du Seuil, 1985.

KRISHNAMURTI, J., *Meditations*, Boston, Shambhala, 1991.

LE SAUX, Henri (Swami Abhishiktananda), *La Montée au fond du cœur: le journal intime du moine chrétien-sannyasi hindou 1948-1973*, O.E.I.L., 1986.

*L'Homme et la connaissance: tradition et liberté, entretiens*, Paris, Le Courrier du livre, 1965.

Low, Albert, *Le Rêve du papillon: une plongée au cœur du zen*, Montréal, Libre Expression, 1992.

MERTON, Thomas, *The Hidden Ground of Love: Letters on Religious Experience and Social Concerns*, Collins-Flame, 1985.

NEEDLEMAN, Jacob, *Money and the Meaning of Life*, New York, Doubleday, 1991.

*Question de*, nº 81: Karlfried Graf Dürckheim: textes et témoignages inédits, Paris, Albin Michel, 1990.

ROBERTS, Bernadette, *The Experience of No-Self: a Contemplative Journey*, Boston, Shambhala, 1982.

ROBERTS, Bernadette, *The Path to No-Self: Life at the Centre*, Boston, Shambhala, 1985.

SMITH, Huston, *Beyond the Post-Modern Mind*, Wheaton, Ill., Quest Books, 1989.

*Spiritual Emergency: When Personal Transformation Becomes a Crisis*, édité par Stanislas Grof, M.D., et Christina Grof, Los Angeles, Tarcher, 1989.

*Terre du ciel: invitation à un changement*, Cahier, nº 9.

*The Enlightened Mind: an Anthology of sacred Prose*, édité par Stephen Mitchell, New York, Harper Collins, 1991.

*Timeless Visions, Healing Voices: Conversations with Men and Women of Spirit*, édité par Stephen Bodian, The Crossing Press, 1991.

WALSH, Roger, W., M.D., Ph. D., et Frances Vaughan, Ph. D., *Beyond Ego: Transpersonal Dimensions in Psychology*, Los Angeles, Tarcher, 1980.

WILBER, Ken, *Grace and Grit: Spirituality and Healing in the Life and Death of Treya Killam Wilber*, Boston, Shambhala, 1991.

WILBER, Ken, Engler, Jack et Daniel P. Brown, *Transformation of Consciousness: Conventional and Contemplative Perspectives on Development*, Boston, Shambhala, 1986.

Achevé      Imprimerie
d'imprimer  Gagné Ltée
au Canada   Louiseville